AF338151

AIMER ET SOUFFRIR

OU

VIE DE LA R^{de} MÈRE

SAINTE-THÉRÈSE DE JÉSUS

ABBESSE DU MONASTÈRE DE SAINTE-CLAIRE (de Lavaur)

ÉCRITE PAR ELLE-MÊME

MISE EN ORDRE ET ANNOTÉE

Par M. l'Abbé ROQUES, Archiprêtre de Lavaur.

———

APPENDICE

SUR LA VIE ET LA MORT DE M. L'ABBÉ ROQUES

I

DEUXIÈME ÉDITION

TOULOUSE	LAVAUR
ÉD. PRIVAT, LIBRAIRE	MONASTÈRE
45, RUE DES TOURNEURS, 45	DE SAINTE-CLAIRE

1885

Tous droits réservés.

AIMER ET SOUFFRIR

OU

VIE DE LA R^{de} MÈRE

SAINTE-THÉRÈSE DE JÉSUS

ABBESSE DU MONASTÈRE DE SAINTE-CLAIRE

DE LAVAUR

AIMER ET SOUFFRIR

OU

VIE DE LA R^{de} MÈRE

SAINTE-THÉRÈSE DE JÉSUS

ABBESSE DU MONASTÈRE DE SAINTE-CLAIRE (de Lavaur)

ÉCRITE PAR ELLE-MÊME

MISE EN ORDRE ET ANNOTÉE

Par M. l'Abbé ROQUES, Archiprêtre de Lavaur.

APPENDICE

SUR LA VIE ET LA MORT DE M. L'ABBÉ ROQUES

I

DEUXIÈME ÉDITION

TOULOUSE	LAVAUR
ÉD. PRIVAT, LIBRAIRE	MONASTÈRE
45, RUE DES TOURNEURS, 45	DE SAINTE-CLAIRE

1885

INTRODUCTION

———

La vie de la Très Révérende Mère Thérèse de Jésus se divise en trois parties. La première se termine au commencement de 1868[1]. Elle-même, par l'ordre de Mgr Bouange, évêque de Langres, qui était alors son directeur, en a fait le récit; la deuxième finit le jeudi saint 1878, qui fut pour son âme, comme on le verra, une date très importante. L'histoire s'en trouve

1. Je fus chargé alors par Mgr Lyonnet, archevêque d'Albi, de la direction de son âme.

dans le journal spirituel qu'elle a tenu très régulièrement par ordre de son confesseur et dans les lettres qu'elle lui écrivait. La troisième se termine à sa mort, arrivée le 26 mars 1884. Accablée par de longues infirmités, et n'ayant plus la force de rédiger ce qu'elle éprouvait et les vues qu'elle avait sur les choses de Dieu, elle en chargea une de ses filles; mais elle a relu et approuvé ces comptes rendus; ils sont datés et signés, et sont l'expression très exacte de sa pensée.

Au moment de sa mort, tous les manuscrits qui se rapportaient à la première et à la troisième partie se trouvaient en la possession d'une personne en qui elle avait toute confiance, et qui est chargée d'en faire des extraits pour les publier.

J'ai consenti avec plaisir à éclaircir, par quelques notes accompagnant ces extraits, la doctrine qui y est exposée, et par de courtes explications, insérées dans les chapitres, à mieux faire ressortir les grands traits de sa vie. Seul, je pouvais faire ce travail, car pendant dix-huit ans j'ai été le confident de toutes ses pensées, l'heureux témoin des grandes grâces qu'elle recevait d'en haut. Elle m'a autorisé à dire tout ce que je croirais utile à la gloire de Dieu et à la sanctification des âmes.

Je suis prêt à affirmer, sous la foi du serment, lorsque ce sera utile, qu'elle n'a jamais perdu l'innocence du baptême. Elle avait été si merveilleusement gardée au point de vue de la pureté qu'elle ignorait complètement le mal. Pendant tout le temps que j'ai été chargé de la direction de sa conscience, c'est-à-dire pendant plus de dix-sept ans, je n'ai jamais pu découvrir en elle la moindre tentation de vanité, le plus léger retour sur elle-même. Les dons surnaturels les plus élevés ne la laissaient que plus humble. Elle se voyait habituellement en Dieu telle qu'elle serait devenue si la grâce ne l'avait soutenue et si elle n'avait été prévenue par la miséricorde de Celui qu'elle avait, dès son jeune âge, choisi pour son Époux. Rien ne pouvait la distraire de cette vue et porter atteinte à cette humilité profonde qui produisait, dans les situations les plus diverses, au plus intime de son âme, un calme et une paix inexprimables. Les longues et cruelles maladies qu'elle a supportées, les effrayantes angoisses spirituelles qu'elle a traversées, par un secours surnaturel tout particulier, ne l'ont rendue que plus unie à son divin Sauveur. Comme la Sulamite, non seulement les grandes eaux (Cant., VIII, 7), les eaux si amères des afflictions, des souffrances, des épreuves spirituelles n'éteignaient pas en elle le feu de la divine charité, mais au contraire le rendaient plus ardent.

Toutes ces grâces lui venaient du Très Saint Sacrement. Après la sainte communion, elle entrait habituellement en extase. Jésus, présent et vivant dans l'hostie, était l'unique objet de toutes ses pensées, de tous ses désirs, le principe et la fin de tous ses actes et, dans toute la force du mot, son unique vie. Elle participait à ses immolations eucharistiques et les reproduisait en elle par une union active, et le plus souvent dans un état passif, la grâce agissant en elle d'une manière inexprimable. C'était comme une reproduction dans son âme des sentiments de l'Ame sacrée de Jésus vivant dans l'Hostie sainte. Dans la dernière période de sa vie, alors qu'en 1878 elle eut fait le vœu d'immolation en union à Jésus-Hostie, vœu dont la perfection m'effrayait et que j'hésitais à lui permettre, son âme participa d'une manière frappante aux angoisses, aux délaissements de Jésus à Gethsémani et sur le Golgotha. Dans ces douleurs terribles, dans ces délaissements sans nom, qui durèrent plusieurs années, elle s'appuyait constamment sur ce vœu d'abandon, et ne faisait que répéter les paroles de son Epoux mourant sur la Croix : *Pater, in manus tuas*

x

commendo spiritum meum[1]. (Luc, XXIII, 16.)

Cette période, la plus crucifiante de son existence, est celle où visiblement se réalisait plus que jamais en elle cette parole que Jésus a dite de Lui-même et qui s'applique aussi, dans une certaine mesure, aux âmes qui sont à Lui : *Si le grain de blé jeté en terre ne meurt pas, il est seul.* (Jean, XII, 25.) *Mais s'il meurt, il porte beaucoup de fruits.* Sa vie spirituelle, déjà si élevée, devint plus puissante, son union, avec Jésus fut plus intime, et elle pénétra bien plus avant dans l'intuition des mystères divins. Toujours elle s'était appliquée

1. Peu de jours avant sa mort, je lui disais : « Peut-« être, ma Mère, vous êtes-vous plainte ? — Me plain-« dre, répondit-elle, et pourquoi ? Est-ce que je ne me « suis pas donnée tout à Jésus ? Il est bien le maître ; « qu'il fasse en moi tout ce qu'il voudra. » Un autre jour elle me disait : « Je suis un bien petit rien, mais « un rien qui ne s'appartient pas, un rien consacré à « Jésus. Si je pouvais faire qu'un seul prêtre le ser-« vît avec plus de ferveur, qu'une seule âme lui fût « plus unie, je serais bien heureuse. »

à faire la volonté de son Sauveur; dévorée par ce désir, bien des fois elle s'écriait : « Que ne m'est-il donné d'être transformée en la Volonté de Dieu ! » On aurait dit qu'à la fin de ses jours le très doux Jésus venait, d'une manière mystérieuse, s'immoler en elle et avec elle pour la rénovation de l'Eglise et la sanctification des âmes. En la voyant dans ces états, je saisissais mieux que je ne l'avais fait jusque-là le sens profond de ces paroles du Sauveur prononcées immédiatement après l'institution de l'Eucharistie, au moment où il va se rendre à Gethsémani[1] : *Je me sanctifie*, ou plutôt : *Je me sacrifie moi-même.* (Jean, XVII, 19.)

Il a semblé que la révélation de cette existence si simple, si grande, ferait du bien et venait à son heure. Sans doute, quoiqu'elle se soit toujours appliquée à se cacher, elle n'a pas été tout à fait incon-

-----

1. Voir mes *Études exégétiques sur les saints Évangiles,* saint Jean, t. II.

nue. Forcée de rester dans le monde jusqu'à l'âge de vingt-quatre ans, elle avait, dans une condition honorable quoique modeste, fixé les regards et répandu le suave parfum des plus célestes vertus. Le jour de son entrée au couvent était celui de la translation des reliques d'une sainte martyre apportées de Rome, et le peuple disait : « Il y a maintenant deux saintes au monastère. » Sans doute, dans l'intérieur de ce couvent béni, où elle a tant souffert, tant prié, tant aimé, tout parlera d'elle, et ce sera pendant longtemps. Ses filles — elles sont nombreuses — se lèveront toutes de concert pour proclamer ses héroïques vertus et les dons merveilleux qu'elle avait reçus du Ciel. Et dans le monde, les âmes qui, malgré l'obscurité d'un cloître de pauvres Clarisses, se groupaient autour d'elle, uniquement attirées par son éminente sainteté, garderont toujours ses paroles : elles seront toujours pour elles une lumière et une force.

Cependant, cette révélation ne semble pas suffisante. Quand Dieu daigne accorder à une âme des dons aussi grands, Il a une fin plus haute : Il veut exercer une action plus universelle. Je n'hésite pas à le dire, Il a voulu donner en elle un secours puissant à l'Eglise et à la Patrie : à la sainte Eglise, dont les besoins étaient toujours présents à cette âme privilégiée ; à la France, qu'elle aimait tant, et dont elle désirait si ardemment la régénération.

Les vues qu'elle avait, tour à tour consolantes et terribles, brisaient son cœur de douleur ou le faisaient tressaillir de joie. Elle priait, elle souffrait sans cesse pour que les âmes fussent unies plus intimement à Dieu et devinssent plus sérieusement chrétiennes. Or, n'est-ce pas là le puissant secours dont la sainte Eglise et la France ont un si grand besoin ? Quand on jette un regard sur la société, quand on voit partout de si grandes lâchetés et de si tristes défections, quand les ténèbres semblent tout envahir, et qu'après de longues années d'attente l'erreur, le mal, la corruption grandissent sans cesse, on est porté à pousser ce cri qui éclate dans Isaïe, XXXI, 12 : « *Custos quid de nocte? Custos quid de nocte?* Sentinelle, qu'en est-il de la nuit? Sentinelle, qu'en est-il de la nuit? » Et la sentinelle répond : « *Venit mane et nox* : l'aurore est venue et puis la nuit. » Cette réponse n'est, hélas! que l'expression trop véridique de la situation présente. Mais peut-être tous ces maux viennent-ils de ce que de nos jours les hommes n'ont pas fait ce qui est recommandé si fort par le Prophète dans les paroles qui suivent : « *Si quæritis, quærite; convertimini, venite* : si vous cherchez, cherchez efficacement et avec intelligence; convertissez-vous, et venez. »

Ils n'ont pas assez compris la leçon donnée par la vision d'Elie sur l'Horeb (III Rois, XIX, 11) : Un vent très violent souffla sur le prophète; mais Jéhovah (qui est ici le

Dieu Sauveur) n'était pas dans ce vent ; il se fit ensuite un tremblement de terre, et Jéhovah n'était pas dans ce tremblement ; il s'alluma un grand feu, et Jéhovah n'était pas dans ce feu ; enfin, il vint un léger souffle, et le Salut était en lui. C'est ce souffle de l'Esprit-Saint qui anime toujours l'Eglise et qui guérit les nations. Ce souffle tend, aujourd'hui surtout, à faire de grands chrétiens, des religieux vivant dans toute la perfection de leur état, des prêtres qui, dans une vie de simplicité et de modestie, unissent la sainteté éminente qui leur est si nécessaire à la science supérieure et complète que le monde exige aujourd'hui de ceux qui lui prêchent les vérités révélées. Ces chrétiens, ces religieux, ces prêtres, animés de l'Esprit de Dieu, peuvent seuls vaincre le paganisme moderne. Ce paganisme, qui a reparu dans le monde avec la Renaissance et qui envahit aujourd'hui la société moderne, est autrement affreux, autrement redoutable que l'idolâtrie syro-phénicienne, personnifiée dans Achab et Jézabel, et dont Elie devait triompher. Cette victoire, obtenue par ces moyens, était la suprême espérance de cette pauvre religieuse, si humble et si favorisée de Dieu, de cette âme à qui nous étions unis par les liens les plus puissants de l'affection et du respect.

Lavaur, le 12 août 1884, en la fête de sainte Claire.

E. ROQUES,

Curé-Archiprêtre de Lavaur.

Je déclare me soumettre entièrement aux décrets d'Urbain VIII, 13 mars 1625 et 5 juin 1625, et, par conséquent, je ne prétends attribuer à tous les faits et à toutes les vues rapportées dans la *Vie de la Très Révérende Mère* qu'une crédibilité purement humaine.

LIVRE I

LIVRE I

———

C'est à partir du mois de septembre 1863
que la Révérende Mère a rédigé le récit
de sa vie dont on donne des extraits.
M. Bouange, alors vicaire général d'Au-
tun, qui vient de décéder évêque de Langres, avait des rapports avec le monastère de Lavaur. Plusieurs fois il avait vu
et confessé la Révérende Mère. Il eut
l'heureuse idée de l'obliger à faire l'histoire de sa vie. Ce travail lui fut très pénible. « C'était pour moi — elle l'a dit et
écrit bien des fois — la plus grande des
humiliations que d'écrire ces choses. Les
actes de renoncement que j'ai dû faire
pour obéir, Dieu seul les a vus, Dieu seul
les a connus. »

A l'exception de quelques incorrections

de style, qu'on s'est permis quelquefois de corriger, on s'est interdit toute espèce de changement. Les plus légères modifications eussent été comme une profanation, car elles auraient voilé la naïveté et la simplicité de son âme; elles se révèlent pour ainsi dire à chaque phrase. Dieu attachait une grâce si puissante à ses paroles, que tous ceux qui l'approchaient devenaient meilleurs. Il en sera de même de ses écrits. Les intelligences pures et simples, celles qui vont droit à Dieu, qui ne cherchent que Lui, trouveront certainement dans ces récits force et lumière; elles goûteront l'onction de la grâce qui est en eux.

CHAPITRE I

2 Janvier 1828. — Mai 1846

Grâces antérieures à la première communion, 15 mars 1840. —
Fruits de la première communion. — Confirmation. — Ses
mortifications. — Petite persécution. — Vue de deux croix.
— Elle entend les paroles de Jésus. — Elle use de terribles
instruments de pénitence.

Le premier sentiment qui s'échappe de mon
cœur, en commençant ce récit de ma pauvre vie,
que j'entreprends par obéissance, est un sentiment
de vive et profonde reconnaissance envers Dieu,
de ce qu'il m'a fait naître dans le sein de l'Église
catholique et de parents chrétiens qui n'ont rien
négligé pour me porter à la vertu.

Je suis née le 2 janvier 1828 ; ma naissance
apporta une grande joie dans la famille, car on
désirait beaucoup une petite fille. De douze enfants
que le bon Dieu a donnés à ma mère, et dont je
suis la quatrième, je suis la seule qu'elle ait pu
nourrir entièrement. Elle m'a souvent dit qu'à cet
âge je ne lui donnais pas beaucoup de peine, parce

que je ne pleurais jamais et qu'elle faisait de moi tout ce qu'elle voulait.

Dès l'âge de trois ans on confia mon éducation aux bonnes Sœurs de la Croix, ma mère ne pouvant s'occuper de moi, à cause de sa nombreuse famille.

Tout ce dont je puis me souvenir de cet âge sont les premiers défauts qui parurent en moi, et mes premiers péchés, que je ne pourrai jamais oublier.

Ce fut d'abord la paresse qui me faisait rester volontiers au lit le matin. Il m'en coûtait de me rendre à la pension, et, pendant à peu près un mois, je ne me trouvais pas à temps à la classe pour faire ma prière avec les autres élèves. N'osant pas le dire, parce que les devoirs étaient déjà commencés, je ne faisais ma prière que bien tard, c'est-à-dire vers les onze heures, et je l'abrégeais le plus possible.

Maman, toujours attentive à toute chose, comprit bientôt ce qu'il en était. Je fus donc obligée de lui avouer le retard que je mettais à faire ma prière. Elle me reprit de cette faute avec un cœur et un accent de mère chrétienne. Pour me punir, elle le dit à ma maîtresse, qui le répéta devant toutes les élèves. J'en éprouvai une si grande confusion; que je n'y revins jamais plus.

Je n'oublierai jamais la vive douleur que j'éprouvai d'avoir fait un mensonge. Maman trouva dans ma poche un jouet; je ne voulus pas lui dire qui me l'avait donné; j'assurai que c'était une de mes compagnes, tandis que c'était un de mes oncles. Maman comprit que je ne lui disais pas la vérité, et me gronda beaucoup. Comme je n'étais pas habituée à l'entendre se fâcher, je pensai que la chose devait être bien grave, puisqu'elle le faisait dans cette circonstance. Cela me fut fort sensible et me donna une si grande horreur pour le mensonge, que, depuis, cette horreur est devenue instinctive pour moi.

Je commençai alors à aimer beaucoup la prière ; et je me souviens que les plus grandes élèves se plaisaient à me faire dire tous les soirs en me couchant un *Pater* pour chacune d'elles ; je m'endormais ainsi en priant.

Pendant les vacances, maman, de son côté, veillait sur moi avec un soin extrême, afin de me tenir toujours éloignée de tout ce qui aurait pu me faire connaître le mal. Tous les matins, cette bonne mère nous envoyait entendre la sainte messe avec mon frère aîné, plus âgé que moi de cinq ans, et puis, toute la journée, il nous était permis de faire tout ce que nous voulions, à la condition de ne pas sortir de la maison. On nous procurait tous les amusements que nous pouvions désirer.

Malgré mon extrême légèreté, qui me portait à sauter sans cesse et à ne penser qu'à m'amuser, je sentais croître en moi, à mesure que j'avançais en âge, une forte inclination pour la vertu. Je pris beaucoup de goût à la lecture de la vie des saints. Celle de saint Louis de Gonzague me frappait sur-

tout plus que les autres. Je m'affectionnai beaucoup
à ce jeune saint. Ce qui me touchait le plus et at-
tendrissait davantage mon âme, c'était son amour
pour Dieu, qui le portait à se mortifier sans cesse.
Je résolus de l'imiter le plus possible. Je sentis vivement que moi aussi je voulais bien aimer le bon
Dieu et me mortifier pour lui plaire. Dès lors
s'alluma dans mon cœur cet ardent désir de souffrir qui ne m'a plus quittée.

Je cherchais continuellement quels moyens je
pourrais prendre pour me mortifier. Je me souviens que, pendant un carême, je passai plusieurs
jours sans déjeuner; mais la maîtresse s'en aperçut
bientôt, et me défendit de faire désormais une pareille imprudence, à cause de ma frêle santé.

J'imaginai alors d'autres petits moyens de me
faire souffrir sans qu'on pût s'en apercevoir,
comme de prendre une posture gênante, de me
priver d'une parole, d'un regard, etc.

Je goûtais beaucoup de joie dans la pratique de
ces petites mortifications; plus j'étais fidèle à les
faire, plus je m'y sentais portée.

Arriva enfin l'époque de ma première communion; je la désirais beaucoup, mais j'étais si légère, si enfant, que je ne me souviens pas d'avoir
rien fait de particulier pour m'y mieux préparer.

Tout ce dont je puis me rappeler, c'est que,
voyant mes compagnes si bien disposées à cette
grande action, je sentais un ardent désir de les
imiter. Les croyant toutes bien meilleures que

moi, je les regardais sans cesse afin de faire moi-même tout ce qu'elles faisaient.

Ce fut le 15 mars 1840, qui se trouvait cette année-là le deuxième dimanche de Carême, que j'eus le bonheur de recevoir mon Dieu pour la première fois. Ah! quel beau jour! peut-on l'oublier jamais?.....

Quelles douces joies je goûtai à la table des Anges!... Quel ineffable bonheur lorsque je sentis pour la première fois le doux Cœur de Jésus battre dans le mien, si pauvre... si petit... et qui ne savait lui rien dire!.....

Je ne me souviens pas comment se passa mon action de grâces; tout ce que je sais, cela je me le rappelle très bien, c'est que j'étais heureuse! je me donnai à Jésus pour toujours, et je sentis le désir ardent de ne plus vivre que pour Lui.

Rien ne put me distraire toute la journée de mon recueillement; je ne faisais attention à rien de ce qui se passait autour de moi, je n'étais occupée que de mon bonheur.....

Je l'avais éprouvé si grand, ce bonheur, et j'avais goûté une joie si pure en ce jour mille fois heureux, qu'il me tardait beaucoup de revenir à ce banquet sacré. Je conçus dès lors un très ardent désir de m'unir à Jésus; depuis, la sainte communion a toujours fait mes plus chères délices... Je ne sais pas exprimer ce qui se passait en moi lorsque je possédais Jésus, mais mon cœur était inondé de joie; il lui parlait tout familièrement. Il me semblait entendre sa douce voix qui me pressait tendrement d'être à Lui sans partage et de n'aimer que Lui seul. Oh! avec quel élan et avec quel bonheur je le lui promettais... Je sentais que pour moi il n'y avait rien de plus heureux que d'appartenir à Jésus seul!.....

Je ne savais comment témoigner à Dieu ma vive et profonde reconnaissance. Il me fit comprendre alors que ce qui Lui plaisait le plus dans mon cœur, c'était l'esprit de sacrifice et de renoncement à toute chose. Cela augmenta en moi le désir de pratiquer plus souvent de petits actes de mortification et de Lui sacrifier tout ce que j'aimais davantage.

Je sacrifiai donc pour Lui plaire tous les jouets et toutes les poupées que j'avais à ma disposition et que j'aimais à la folie. Je donnai tout à mes compagnes et ne voulus rien me réserver. J'avoue que ce fut pour moi un *grand sacrifice;* car jusqu'alors, à table, à l'étude, partout, enfin, il me fallait une poupée à côté de moi; il me semblait que je ne pouvais m'en passer. Mais rien ne me parut pénible lorsque par là je pensais plaire au bon Dieu. Je sentais dans le fond de mon cœur que plus rien ne devait m'occuper.

Je ne puis me souvenir si ce fut quelques mois ou un an après ma première communion qu'on nous disposa à recevoir le sacrement de Confirmation. Cette nouvelle me causa une joie impossible à rendre. Je voulus choisir pour patronne une sainte qui se fût consacrée toute jeune au Seigneur et qui pût me servir de modèle dans la vie religieuse (sainte Euphrasie), car depuis longtemps déjà je sentais un attrait bien prononcé pour le cloître. Ce qui m'attirait le plus vers cette vocation, c'était l'ardent désir de garder toujours la virginité et la chasteté parfaites.

Oh! je ne pourrai jamais dire ce qu'avait de doux et de suave pour mon âme le nom seul de cette si belle vertu! Toutes les fois que j'y pensais, je sentais mon cœur bondir de joie dans ma poitrine; il se faisait dans tout mon être un tressaillement inexprimable. Je ne pouvais supporter d'entendre prononcer le nom du vice qui lui est opposé, pas même quand on prêchait la parole de Dieu; mon âme en éprouvait une tristesse indéfinissable... Il m'arrive encore d'éprouver les mêmes impressions en pareilles circonstances.

Le jour de la confirmation j'étais très émue. Je suivis très attentivement toutes les cérémonies; au moment de l'imposition des mains, je me sentis saisie d'un profond recueillement, pendant lequel il me sembla que le Saint-Esprit, avec toutes ses grâces, descendait en moi et remplissait mon âme d'une manière très sensible. Je ne pourrai jamais oublier la vive émotion que j'éprouvai alors... Je ne compris pas ce qui se passait en moi, mais j'étais bien heureuse et je me trouvai remplie d'un nouveau courage pour mépriser toutes les choses de la terre et à ne m'attacher qu'à Jésus seul... Je

me consacrai à Lui d'une façon toute particulière.

Dès ce moment je cherchais à faire tout ce que
je comprenais qui pouvait plaire à Jésus. J'imagi-
nais de petites pratiques de piété que j'écrivais sur
des billets. Je les distribuais ensuite à celles de mes
compagnes que je savais être les plus pieuses ; je
les leur renouvelais de temps en temps, et cela
nous stimulait beaucoup.

Mon désir de souffrir pour l'amour de Jésus devenait plus ardent. Je cherchais sans cesse quelque nouveau moyen de contenter ce besoin de mon
âme. Je me souviens que pendant l'hiver, quoique
j'aie été toujours très sensible au froid, lorsque
j'étais prête à me coucher, je fermais les rideaux
de mon lit, et aussitôt que la maîtresse était partie
je demeurais à genoux sur le lit pour prier, ou
bien je me couchais sur les couvertures pour endurer le froid, et je ne me couvrais que très légè-
rement jusqu'à ce que la maîtresse vînt se coucher,
une heure après nous. Il m'est arrivé quelquefois
de m'endormir ainsi et d'être demeurée là presque
toute la nuit. Je me suis souvent demandé comment ma santé, déjà si frêle, ne s'en était pas ressentie. Je n'ai pu m'empêcher de reconnaître là
une grâce toute particulière de Dieu.

Je ne trouvais de plaisir qu'à parler de choses
pieuses ou à en entendre parler ; mon âme était
dans une disposition que je puis comparer à celle
d'une personne qui, à tout instant du jour, se sen-

tirait dévorée par la faim, et à qui on ne donnerait que très rarement de la nourriture, et chaque fois en très petite quantité. Sa faim, loin d'être apaisée, n'en serait que plus excitée.

Voilà ce que mon âme éprouvait pour les choses de Dieu. Je sentais un besoin continuel d'entendre parler de Lui. Je ne désirais rien tant que d'apprendre quelque nouvelle pratique de piété. Pour cela j'aurais tout quitté. Je n'étais jamais plus heureuse que lorsque je trouvais quelqu'un avec qui je pus m'entretenir de ce qui captivait mon cœur.

Pendant le temps des récréations, je tâchais toujours de trouver un petit instant pour aller prier à la chapelle sans qu'on s'en aperçût, ou bien je prenais une de mes compagnes pour lire avec elle quelques passages de la vie de saint Louis de Gonzague.

Dans cette disposition où se trouvait mon âme, on peut facilement comprendre combien je souffrais de ne pouvoir satisfaire cet attrait comme je l'aurais désiré ! Aussi ma joie était à son comble lorsque quelque Sœur venait me prendre, pendant les récréations du soir, pour me parler du bon Dieu ou chanter quelques cantiques, surtout lorsque ces cantiques avaient quelque rapport à la sainte communion. Oh ! alors je sentais mon cœur battre avec une telle force, que je le croyais près d'éclater ; la voix me manquait subitement, tant l'émotion que j'éprouvais était vive. On ne se doutait pas de ce qui se passait alors en mon âme; je n'aurais osé le dire à personne. Ces impressions d'amour pour Jésus étaient si douces, si suaves, si fortes en même temps, qu'elles ne pourront jamais s'effacer de mon souvenir. . . . .

. . . .

Mon désir pour la vie religieuse devenait chaque jour plus ardent; toutes les fois que j'entendais sonner la cloche du monastère tant aimé, je sentais mon cœur bondir de joie, et je me disais : Quand donc serai-je parmi ces vierges sacrées?... Ce nom de vierge faisait toujours en moi une impression puissante. Cependant j'étais encore bien enfant; la plus petite chose servait à me faire amuser et rire : aussitôt que j'avais fini mes devoirs, au lieu de prendre l'ouvrage, je m'amusais à faire de petits dessins qui souvent faisaient rire mes compagnes. Comme on ne m'en punissait pas, cela excitait un peu de jalousie parmi elles. Une circonstance surtout acheva de les indisposer contre moi.

Un soir, notre première maîtresse, traversant le dortoir pour aller se coucher, s'arrêta devant mon lit, je ne sais trop pourquoi; elle me trouva les mains jointes et dans l'attitude de la prière; il paraît qu'elle fut fort impressionnée et qu'elle demeura longtemps à me considérer... Les élèves qui n'étaient pas encore endormies s'en étant aperçues se levèrent pour me voir. Chacune me baisa ainsi que la maîtresse sans que rien pût m'éveiller.

Le lendemain, comme je ne savais rien de tout cela, j'étais fort surprise de voir les pensionnaires s'empresser autour des externes et leur parler fort mystérieusement. Je ne comprenais rien à tout ce qui se passait, mais je ne m'en inquiétais guère. Je ne l'aurais même pas su si la maîtresse ne l'avait dit devant moi : comme elle était fort mécontente de ce qu'on avait tant parlé à la classe pendant la journée, elle se fâcha beaucoup le soir au réfectoire devant toutes les pensionnaires, et prit de là occasion de recommander la modestie dans le coucher; car, dit-elle, ce qui l'avait le plus frappée en moi, c'était la manière modeste avec laquelle j'étais arrangée, quoique je ne fusse pas entièrement dans mon lit. Lorsqu'on m'eut expliqué la chose, j'avoue que je me trouvai bien confuse de ce que la maîtresse avait dit cela devant moi.

Depuis ce jour, quelques élèves conçurent une grande jalousie à mon égard. L'une d'elles surtout cherchait à indisposer les autres et à les éloigner de moi; aussi, pendant quelque temps, elles ne me parlèrent guère. Lorsque j'arrivais à la récréation, je trouvais un petit groupe réuni. Si je m'approchais, toutes se taisaient, et, à leurs signes, je comprenais qu'elles parlaient contre moi; alors je faisais comme si je ne m'en étais pas aperçue, et j'allais m'amuser un peu plus loin afin de les laisser bien libres...

Une de ces élèves, qui était très simple et très naïve, venait me dire tous les jours, sans que je le lui demande, tout ce qu'on avait dit contre moi ; comme elle voyait que j'en riais, elle ajoutait que quoiqu'elle m'aimât beaucoup, la crainte des autres élèves faisait qu'elle en disait autant qu'elles. Cette simplicité de sa part m'amusait fort, et comme je l'assurais que je ne m'en fâchais pas le moins du monde, elle recommençait le lendemain.

Comment, en effet, aurais-je pu en être fâchée ? je croyais sincèrement que mes compagnes avaient raison de me laisser de côté... Le bon Jésus m'a toujours fait la grâce de bien comprendre que je n'ai rien en moi qui puisse mériter tant soit peu l'estime de personne. Du reste, j'aurais été bien heureuse si j'avais pu penser que ce fût une humiliation. Je les ai toujours désirées, et jamais je n'en ai été trouvée digne...

Mais cette manière d'agir des élèves à mon égard ne dura pas longtemps. Lorsqu'elles virent que je ne leur en voulais pas, elles revinrent vers moi et m'entourèrent de beaucoup plus d'affection qu'auparavant ; de sorte qu'elles ne voulaient rien faire sans que je l'approuve ; pendant les récréations chacune se disputait la place pour être à côté de moi ; il me fallait choisir les jeux et être la première à y prendre part[1].

---

1. Ce fait exprime exactement ce qui s'est reproduit bien des fois dans sa vie. Victime très souvent d'injustes préventions, elle dominait tout par son inexprimable charité, et celles qui lui étaient opposées finissaient par subir le charme de son incomparable bonté.

J'avais quinze ans lorsque j'obtins de ne plus rentrer à la pension. Je supposais que ma mère voudrait me faire partager avec elle les soins du ménage ; mais elle me voyait une santé si frêle, que craignant toujours de me voir devenir malade elle ne me laissait presque rien faire.

Je pris alors un soin tout particulier de ma petite sœur Julia, qui n'avait que trois ans, et ensuite de la petite Marie, qui naquit un an plus tard.

J'éprouvai une bien grande et bien douce consolation en élevant cette chère petite Julia. Je n'eus pas beaucoup de peine pour lui faire aimer le bon Dieu : son petit cœur s'y portait comme naturellement ; souvent sa ferveur pour la prière et l'oubli d'elle-même, lorsqu'elle souffrait, me rendaient confuse. Les heureuses dispositions de cette si chère enfant remplissaient mon âme d'une bien douce joie.

Jusqu'à cette époque, je ne m'étais jamais occupée de vanité, je n'y avais même pas songé ; mais bientôt je craignis cet écueil. Je rougis lorsque je pense que le moyen que j'avais pris pour l'éviter ne servit qu'à m'y faire tomber plus facilement.

Quoique ma mère m'eût toujours tenue d'une manière fort simple et en rapport avec notre modeste condition, je trouvai que les robes qu'elle m'avait fait faire à ma sortie de pension étaient d'une couleur trop claire. Ce n'était pas qu'elles

me déplussent ; mais Jésus, au plus intime de mon
cœur, me faisait si bien comprendre que je ne
devais en rien ressembler aux personnes du monde,
que c'était pour moi un vrai supplice lorsqu'il
fallait m'habiller un peu mieux qu'à l'ordinaire.
Ainsi, tous les dimanches, ma mère était obligée
de me spécifier ce qu'elle voulait que je mette,
sans cela je n'aurais pas été tranquille. Je fis beaucoup d'instances auprès de ma mère pour qu'elle
me permît de ne porter que des robes noires. Ce
ne fut qu'avec beaucoup de peine que je pus l'obtenir ; tous mes parents s'y opposèrent d'abord ;
mais comme ils n'avaient pas l'habitude de me
contrarier, et voyant que cela me faisait plaisir,
ils me laissèrent parfaitement libre.

Je me crus alors à l'abri de la vanité ; hélas ! je
me trompais ! Je ne tardai pas à tomber dans un
piège d'autant plus dangereux qu'il était plus
caché et que je m'en méfiais moins. Je ne le compris pas tout d'abord. J'avais un goût très prononcé
pour tout ce qui est beau, ce qui est propre et
bien fait. Quoique ma petite toilette fût des plus
simples et des plus modestes, il m'arrivait souvent
d'y passer une heure entière. Je ne croyais pas mal
faire, car je n'avais en cela d'autre intention que
celle d'être bien arrangée, bien propre et sans
aucun faux pli.

Cependant, je ne tardai pas à comprendre que
cela déplaisait au bon Dieu. J'en éprouvai une
peine extrême ; n'était-ce pas une grande vanité

qui aurait pu devenir bien dangereuse pour mon âme? Je n'y puis penser sans rougir; oh! oui, j'étais bien coupable!...

Je recevais tant de grâces de la part de Jésus! dans la sainte communion surtout. Il me donnait des lumières bien vives sur la manière de pratiquer la vertu, le détachement du monde, etc.

Ce qui me frappait le plus, c'est lorsque cet aimable Sauveur, me faisant entendre sa douce voix, me disait ces paroles que je n'ai jamais pu oublier : « Ma fille, je t'aime. »

Comment pourrais-je exprimer ce que j'éprouvais alors? Ce n'est pas possible! Mon âme semblait se fondre à cette douce voix qui me faisait tressaillir de bonheur.

Je sentis dès lors s'allumer dans mon cœur un ardent désir du salut des âmes. Jésus me faisait comprendre que son amour infini pour nous était méconnu, méprisé par un grand nombre.

Cette pensée me faisait verser bien des larmes!... J'aurais voulu je ne sais par quels sacrifices obtenir leur conversion, ou du moins pouvoir dédommager Jésus et le consoler par ma fidélité et mon amour... et j'étais si mauvaise!...

Oh! je ne puis y penser sans être émue jusqu'au fond de l'âme. Pourquoi Jésus a-t-il été si bon pour une si pauvre créature qui ne savait payer ses bienfaits que par des ingratitudes?...

Cependant à chaque communion je recevais de nouvelles faveurs.

I

Je m'affligeais en pensant à tant de pauvres pécheurs qui n'aiment pas Jésus. Je demandais sans cesse grâce et miséricorde pour eux. J'aurais voulu pouvoir laver leurs péchés avec mon sang...

Les moments coulaient ainsi bien rapides; il m'en coûtait toujours beaucoup de terminer mon action de grâces. Je la prolongeais le plus possible et je la continuais même en chemin jusqu'à la maison. J'étais si fortement impressionnée par cette pensée : que mon cœur renfermait en lui Celui qui a fait toutes choses et devant qui tout n'est rien !... J'étais tout absorbée en mon bien-aimé qui se rendait si sensible à mon âme.

Un jour, pendant que je possédais Jésus, et que je le voyais au milieu de mon cœur où Il voulait, me disait-il souvent, être seul maître, un jour, dis-je, il me sembla que ce doux Sauveur me montrait deux belles croix d'égale dimension, mais différemment ornées. L'une était très belle, couverte de magnifiques fleurs, et l'autre toute hérissée de longues épines et de pointes aiguës... L'aimable Jésus semblait me dire qu'Il voulait me donner une de ces croix, mais qu'il m'en laissait le choix. Ma pauvre nature eut peur alors de la croix si terrible, mais en même temps je sentis mon cœur s'enflammer d'un ardent désir de ressembler à mon doux Sauveur. Me souvenant de la croix qu'Il avait lui-même portée, je lui dis sans hésiter : « O mon très doux Maître ! c'est la croix couverte d'épines que je choisis ; oui, c'est la seule que je veux, la seule que j'embrasse; la seule que je vous demande; faites-m'en sentir les douleurs!... » Il me sembla alors que Jésus m'en faisait la promesse, et j'en fus comblée de joie [1].

En effet, bientôt après je sentis ma ferveur diminuer; je n'éprouvais que du dégoût dans la prière, que froideur pour la sainte communion, que lâcheté dans le service de Dieu. Je me trouvai dans une sécheresse et une aridité désolantes. C'est alors que commença pour moi ce martyre intérieur qui m'a été et qui m'est encore si pénible. La pensée que je ne sais pas aimer Jésus et que je lui déplais dans tout ce que je fais, me brise de douleur. Je n'essayerai pas de dépeindre cette cruelle souffrance, je ne le pourrais pas. Dieu seul peut comprendre ce qu'elle fait endurer à mon âme.... Dans cet état, lorsque j'allais à l'église pour y communier, il me semblait que la communion ranimerait ma ferveur et me ferait du bien; mais aussitôt que j'étais arrivée, le sentiment de mon indignité s'emparait de moi d'une manière si forte, je craignais tant de blesser le Cœur de Jésus, que tout le temps de la messe se passait à combattre intérieurement..... Souvent il m'arrivait de ne pouvoir surmonter ce sentiment de crainte, et je laissais la sainte communion. J'avoue que je m'en allais bien triste alors! J'au-

---

1. Bien des saintes ont eu des visions semblables; mais je dois déclarer qu'elle l'ignorait absolument.

rais |voulu avoir quelqu'un qui me prescrivît ce que je devais faire. Mon confesseur se contentait de me dire que je ne faisais pas bien de laisser la sainte communion; mais il ne m'y poussait pas; n'ayant pas assez de fermeté, il me laissait faire. Du reste, la manière dont il me parlait me faisait craindre qu'il ne me connût pas aussi mauvaise que je l'étais. Cela m'affligeait beaucoup et m'empêchait de lui obéir comme j'aurais dû le faire.

Malgré toutes ces peines je voulais pourtant être tout à Jésus. Le désir de souffrir pour son amour ne me quittait pas. J'aurais désiré pouvoir faire quelques mortifications particulières; mais je n'avais jamais vu aucun instrument de pénitence, et comme je n'osais parler à personne de ce désir, il ne m'était pas facile de m'en procurer.

Un jour j'étais occupée, je crois, à balayer la maison, et, selon ma coutume, je parlais à Jésus comme s'il eût été près de moi; tout à coup, je fus saisie d'un si violent désir de souffrir, que j'en étais toute transportée. J'aurai voulu, dès ce moment, briser mon corps par la pénitence.

Ne sachant que faire pour calmer ce violent désir, je quittai mes bas et ma chaussure pour bien sentir le froid, et je continuai à balayer en faisant aller les ordures sur mes pieds nus. J'étais si délicate, qu'en tout autre temps, j'ai honte de le dire, je n'aurais pas eu le courage de le faire; mais à ce moment j'étais tellement transportée que rien ne m'aurait coûté! Aussitôt que j'eus fini mon travail, je me mis à chercher quelque chose qui pût me servir d'instrument de pénitence. Je trouvai une ceinture en laine assez large, d'un tissu fort et serré; j'imaginai d'y assujettir de petits bouts de fil de fer très fin, de la longueur de deux centimètres à peu près, que je pliai en deux. Je les fis entrer dans la ceinture, de manière à ce que tous les bouts fussent du même côté. Je la mis aussitôt pour essayer si je pouvais la supporter. Tout heureuse d'avoir enfin trouvé le moyen de souffrir quelque chose, je demandai à mon confesseur la permission de porter cette ceinture; il me le permit sans difficulté, car il n'avait pas l'expérience de ces choses.

Avec cette permission, j'aurais craint de manquer si je l'avais quittée un seul instant. Je la portais donc nuit et jour.

Je compris bientôt que je ne pouvais continuer longtemps cette pénitence. Le fil de fer dont je m'étais servie, étant très fin, entrait trop vite dans la chair, et me faisait faire parfois des mouvements involontaires qui auraient fini par me trahir. Cela m'affligeait beaucoup; je ne savais comment y remédier; mais un jour, quelle ne fut pas ma surprise, lorsque je trouvai, parmi les vieilles ferrailles de la maison, une forte ceinture en fer avec des pointes. (J'ai su plus tard qu'elle avait appartenu à ma grand'mère et qu'elle en faisait un usage fréquent.) Il me sembla avoir trouvé un vrai trésor, et quoiqu'elle fût toute rouillée, je la substituai bien vite à celle que je portais déjà. Dès que je pus, j'en parlai à mon confesseur, qui ne fit pas plus de difficulté que la première fois. Je ne puis dire combien je fus heureuse; je ne la quittai ni le jour ni la nuit. Cette souffrance, quoique beaucoup plus pénible que la première, n'était pourtant pas si sensible, et je pus la garder plus longtemps sans craindre qu'on s'en aperçût. Je la portai l'espace de neuf mois, seulement en deux reprises différentes[1].

1. Le bon Dieu permit que sa mère découvrit le terrible instrument dont elle faisait usage avec la bonne foi la plus grande.

CHAPITRE II

Mai 1846. — Juillet 1852.

Cependant la pensée du cloître ne me quittait pas ; le désir d'être religieuse devenait chaque jour plus ardent. J'étais heureuse lorsque je pouvais venir un instant au parloir pour voir la bonne Mère Sainte-Agnès, qui était abbesse. Au mois de mai de l'année 1846, cette bonne Mère me dit qu'il devait y avoir bientôt une profession, que si je voulais entrer alors pour faire une retraite, elle me le permettrait. A cette nouvelle, je ne me possédai pas de joie. Je fis tout au monde pour obtenir de mes bons parents cette permission tant désirée. Ils ne surent pas me la refuser, malgré toute la peine qu'ils en éprouvèrent, car ils craignaient que cela n'augmentât encore mon désir pour la vie religieuse.

J'entrai, le 19 mai 1846, dans ce cloître béni, d'où je n'aurais plus voulu sortir. On ne m'avait d'abord donné que huit jours; j'eus pourtant le bonheur d'y en passer quinze.

Il fallut enfin retourner à la maison; mes parents ne voulurent à aucun prix me laisser au couvent; ils me disaient que j'étais trop jeune encore.

Je me résignai en silence; j'offrais à Dieu cette peine toutes les fois qu'elle me serrait le cœur; c'était presque à chaque instant du jour, car rien ne pouvait me distraire de la pensée du couvent. Tout, dans le monde, me paraissait insipide; je ne trouvais de repos et de bonheur que dans la prière et la sainte communion. Malgré toutes mes froideurs et mes sécheresses, Jésus m'y faisait parfois bien des grâces; elles me touchaient d'autant plus que je m'en reconnaissais plus indigne...

Ce doux Sauveur me pressait toujours plus fortement d'être à Lui seul, de ne m'attacher à rien de créé; Il me témoignait son amour avec une tendresse extrême, et me répétait souvent ces paroles, qui produisaient toujours sur mon âme une impression ineffable : *Si tu pouvais comprendre, ô ma fille! combien je t'aime, tu en mourrais de joie!* En effet, le peu que je comprenais à ce moment me paraissait à peine supportable; si cela eût duré plus longtemps, je n'aurais pu y tenir sans mourir!... Mais lorsque mon bien-aimé Jésus semblait me prendre entre ses bras et me presser sur son cœur!... oh! alors mon âme se fondait! les paroles sont trop impuissantes pour redire de telles joies...

Après cet amour que Jésus daignait me manifester, comment aurais-je pu trouver du goût dans les plaisirs du monde et m'attacher aux créatures? Cela n'était pas possible... et pourtant, mon Dieu, vous le savez, mon cœur se serait attaché facilement sans votre grâce!...

J'avais un penchant bien prononcé pour l'affection des créatures, surtout pour celles qui me faisaient quelque bien. Rien ne m'aurait coûté pour leur faire plaisir.

Je me souviens qu'au pensionnat j'aimais beaucoup toutes les élèves; mais la dernière année, je me pris d'une affection plus grande pour l'une d'elles en particulier. La maîtresse, qui s'en aperçut bientôt, me dit que j'avais bien mal choisi une amie, et qu'une fois sortie de pension surtout, je ne devais pas aller avec elle. Cela me fit de la peine, car je croyais cette élève très sage. Il m'en coûta beaucoup pour me détacher d'elle, mais je le fis peu à peu, car j'aurais craint de mal faire, si je n'avais pas suivi le conseil qui m'était donné. Je compris plus tard combien ma maîtresse avait eu raison, et je remerciai le bon Dieu de m'avoir fait la grâce de lui avoir obéi. — Ce fut pour moi une bonne leçon ; je résolus de n'avoir aucune amie particulière. Je ne voyais mes anciennes compagnes qu'en passant ; je n'allais pas me promener avec elles, malgré leurs invitations et leurs instances. Il y en avait une cependant que je voyais tous les dimanches seulement, parce qu'elle demeurait à la campagne ; elle entra bientôt chez les Sœurs de la Charité. J'allais quelquefois me promener avec elle pour parler de notre vocation religieuse ; mais aussitôt qu'elle voulait m'amener avec d'autres personnes, je la quittais bien vite. Ma meilleure amie, c'était ma mère, avec laquelle j'étais toujours heureuse de me trouver. Lorsqu'elle ne pouvait m'accompagner elle-même à la promenade, je passais toute la soirée du dimanche à l'église, soit à dégarnir les trois chapelles[1] dont j'avais le soin, soit à m'entretenir cœur à cœur avec mon Jésus. Oh ! quels moments délicieux je passais dans ces doux colloques ! Je croyais entendre Jésus me dire ces paroles ou autres semblables : « Reste ici, près de moi, mon enfant ; tu n'es pas « faite pour le monde ; méprise-le et ne suis pas « l'exemple de tant de jeunes personnes qui ne « trouvent de plaisir que dans les choses exté- « rieures ; pour toi, ne le cherche qu'en moi « seul, etc., etc. » Et les heures passaient ainsi

1. Elle était chargée, dans l'église Saint-Alain, des chapelles Saint-Joseph, Notre-Dame du Rosaire et Notre-Dame de l'Agonie.

sans m'en apercevoir. Quelquefois, il est vrai, mon cœur se trouvait bien sec; je n'avais rien à dire à Jésus, je ne savais que faire, car je n'ai jamais eu d'attrait pour les prières vocales. J'éprouvais même de l'ennui, par suite de cet état de sécheresse qui me faisait tant souffrir. J'allais jusqu'à penser quelquefois que je serais plus heureuse si j'allais me promener avec mes amies; mais Jésus m'a fait la grâce de ne jamais succomber à cette tentation.

Je me retirais alors dans la chapelle du Sacré-Cœur[1]. Là, je disais tout naïvement à mon doux Sauveur que je m'ennuyais avec Lui, parce que j'étais bien mauvaise et que je ne savais que lui dire; mais j'aimais mieux mille fois supporter cet ennui pour lui plaire que d'aller chercher la moindre satisfaction auprès des créatures...

Après toutes ces grâces que j'ai reçues de la bonté infinie de Dieu, ne suis-je pas un monstre d'ingratitude d'avoir pu lui déplaire et l'offenser comme j'ai fait !

Elle raconte ici les diverses tentations qu'elle eut à subir; mais Dieu la garda si bien que, non seulement elle ne commit pas la plus légère faute vénielle, mais qu'elle conserva complètement toute la

---

1. Le Très Saint Sacrement s'y trouvait alors.

pureté d'un enfant. Elle ignorait même le mal. A cette même époque elle fut assaillie par des pensées d'orgueil.

Je ne puis dire combien ces pensées me faisaient rougir. Je me voyais si orgueilleuse que je craignais de tromper tout le monde. Cette crainte me torturait si fort, que pour m'en défaire je résolus de tourner la tête de côté et d'autre, lorsque je serais à l'église, et de faire comme une personne dissipée. Mais craignant d'offenser ainsi le bon Dieu, j'en parlai à mon confesseur, qui me le défendit.

Jésus m'inspira une pratique qui me fut très utile. Toutes les fois que je m'apercevais qu'une pensée d'amour-propre ou de vaine complaisance se glissait dans mon esprit, aussitôt, si je me trouvais seule, je frappais de ma main sur mes joues le plus fort que je pouvais, me figurant que c'était mon bon Ange Gardien qui m'avait donné ce soufflet. Je me sentais alors aussi humiliée que si c'eût été lui-même, et tout le temps que durait la douleur je m'entretenais dans les pensées de profonde humilité que cela faisait naître en mon âme. Aussi, bien souvent, j'ai remercié le Seigneur de m'avoir inspiré une pratique qui m'était si salutaire.

La crainte de déplaire à Dieu, qui me faisait tant souffrir, redoubla alors. Elle me causait une douleur si extrême qu'il me semblait parfois qu'on m'arrachait le cœur. Lorsque je me trouvais un moment seule, je me jetais à genoux, je demandais pardon à Dieu avec beaucoup de larmes, je faisais très souvent des actes de contrition. J'en pris tellement l'habitude que je me surprenais à les répéter sans cesse; j'ajoutais chaque fois : « Mon Dieu! je ne veux pas vous déplaire, faites- « moi plutôt mourir que de vous offenser le moins « du monde », et autres choses semblables.

Souvent cette douleur était si violente que je ne savais comment la contenir. Je sentais le besoin de me trouver seule, et cela ne m'arrivait pas souvent; il me fallait user de ruses... En été, nous allions en famille nous promener après notre repas du soir; quelquefois je suppliais mes bons parents de me laisser seule à la maison, disant que j'avais quelque chose à faire. Comme ils ne sortaient habituellement qu'à cause de moi, pour me procurer une petite distraction, j'avais toutes les peines du monde à les faire consentir à me laisser seule. A peine étaient-ils sortis, j'allais me jeter aux pieds de mon crucifix. Là je pleurais et soupirais tout à mon aise. Il m'arrivait souvent de m'écrier : « O mon amour! ô Jésus! mon bien- « aimé, comment pourrais-je prendre un moment « de plaisir lorsque je pense que je vous ai tant et « tant offensé... que j'ai blessé votre cœur si ten- « dre?... Mon Dieu! faites-moi donc mourir... Oh! « de grâce, exaucez-moi... je ne puis plus vivre si « je ne vous aime pas!... »

Je sentais mon cœur se briser sous la violence d'une telle douleur! Je n'aurais pu la supporter sans mourir, si Jésus ne m'avait soutenue...

La pensée surtout du Cœur si aimant de Jésus, blessé par les péchés de tant de pauvres pécheurs, et par les miens en particulier, me rendait par moment comme folle de douleur... Que de larmes j'ai versées à cette seule pensée, et combien je les trouvais douces ainsi répandues aux pieds de ce divin Maître!

Le temps me paraissait bien court, et je trouvais que mes bons parents revenaient trop tôt. Je me hâtais d'essuyer mes larmes, et je me montrais bien joyeuse, afin qu'ils ne pussent se douter de rien.

Mais, après la prière du soir, je montais à ma chambre, et je recommençais mes colloques avec mon Jésus. Je ne me couchais habituellement que fort tard. Il m'en coûtait toujours de quitter les pieds sacrés de mon Sauveur crucifié! J'aurais voulu y passer ma vie entière.

Je ne puis penser, sans en être touchée jusqu'au fond de l'âme, aux bontés que Jésus avait pour moi. Il semblait que plus j'étais mauvaise, plus Il voulait être bon; cela m'était mille fois plus sensible que des reproches...

Je sentais mon cœur sans cesse attiré vers Jésus au saint tabernacle, par un attrait si puissant et si fort, que je n'aurais pu y résister. Aussi il ne m'était pas difficile de penser à Jésus pendant la journée; rien ne pouvait m'en distraire. Je souffrais de ne pouvoir l'aimer et le faire aimer comme je le désirais. J'aurais voulu en parler sans cesse. Je me dédommageais en écrivant à une de mes amies de pension, qui demeurait à ***, dont j'aurai occasion de parler plus tard. Elle m'écrivait aussi assez souvent, et dans toutes nos lettres nous ne parlions que du bonheur d'être à Jésus et de l'aimer sans partage. Je le faisais également avec ma chère petite Julia, qui, du reste, me prévenait toujours. Elle me suivait partout, et me disait continuellement de lui parler du petit Jésus ou de lui raconter quelques traits de la vie des saints... Que de doux moments je passais à parler ainsi de mon unique Bien-Aimé avec cette chère enfant, que je voyais grandir avec de si heureuses dispositions.

C'était une vraie jouissance pour moi lorsque je me voyais entourée par ces deux chères petites sœurs, que j'aimais si tendrement, et que je leur parlais de l'amour de Jésus...

. . . .

. . . .

Il me tardait toujours davantage de quitter le monde. J'aurais voulu parfois vivre comme les solitaires, dans un désert, et éprouver toutes sortes de privations et de souffrances. Ce désir augmentait en moi chaque fois que j'allais, dans l'été, avec maman, passer l'après-midi à une petite campagne que nous avions à dix minutes de la ville. Ce lieu me plaisait beaucoup; c'est là que j'aurais voulu demeurer. De temps en temps, je m'éloignais quelques instants de maman pour aller seule dans les allées les plus reculées songer à mon désir. Le plus souvent, je chantais quelques cantiques, ou bien je parlais tout haut à mon Jésus, comme s'il eût été en personne à côté de moi ; je lui disais tout ce qu'éprouvait mon âme. Je soulageais ainsi mon pauvre cœur, toujours si fortement attiré vers Lui !

La solitude aurait eu pour moi beaucoup de charme ; mais quand je la comparais à la vie de communauté, celle-ci me paraissait préférable.

Je dois ici revenir en arrière et dire qu'après une forte maladie [1], pendant laquelle je ne pouvais rien supporter, pas même les potions calmantes, mes bons parents se trouvèrent dans la plus grande désolation en voyant que plusieurs médecins ne pouvaient me guérir ni prévenir ces crises terribles, qui se renouvelaient plusieurs fois l'année et durèrent jusqu'à l'âge de vingt ans. Elles se déclaraient chaque fois avec des caractères plus alarmants, à tel point qu'à la dernière on crut que je ne m'en relèverais pas, à moins de me faire subir une opération. Je ne puis dire combien cela m'affligea ; mais je cachai ma peine, et je fis comme si je n'avais pas compris. Aussitôt que je me trouvai seule,

1. A seize ans, elle fut éprouvée par une très longue et très douloureuse maladie, dont elle se releva par les soins intelligents et dévoués de sa famille, qui avait pour elle la plus vive affection.

je pleurai beaucoup; j'embrassai mon crucifix, je suppliai Dieu de me faire mourir plutôt que de permettre qu'on en vienne à ce dernier moyen. Je lui faisais de grand cœur le sacrifice de ma vie, à laquelle je ne tenais nullement. Je lui demandais de me faire souffrir d'une autre manière, car ce n'était pas pour éviter la souffrance que je redoutais une opération, mais uniquement par amour pour la sainte vertu !

Jésus, toujours plein de bonté, eut pitié de mes larmes et de mes prières. Le lendemain, le docteur qui me soignait tomba dangereusement malade; il appela aussitôt un médecin distingué de Toulouse, qui ne passa à Lavaur que quelques heures; mes parents en profitèrent pour le consulter. Ce docteur me donna un remède auquel Dieu attacha une grande efficacité.

Les progrès du mal s'arrêtèrent, et je guéris si bien, que jamais depuis je n'ai éprouvé la moindre atteinte de cette maladie.

Pendant ces longues crises, si souvent répétées et qui me retenaient des mois entiers dans mon lit, j'étais heureuse plus que je ne puis le dire; ce n'est pas que Jésus me fît éprouver un amour sensible; au contraire, je souffrais dans mon âme: mais je trouvais du bonheur à souffrir pour mon Bien-Aimé. Je ne savais lui rien dire, mais je regardais mon crucifix, je le tenais sans cesse, je le baisais tendrement et je demeurais très calme. Je n'avais de la peine qu'en voyant mes bons parents si tristes, si désolés, car, pour moi, j'aurais été trop heureuse de mourir. C'était là mon seul désir, puisque je perdais presque l'espoir de pouvoir jamais entrer au couvent; cette espérance perdue, la mort me paraissait préférable à tout. Je ne pouvais me faire à l'idée de rester dans le monde; tout m'y déplaisait. Il me fallait, ou m'immoler dans le cloître pour l'amour de Jésus, ou bien mourir.

Ce désir me causait un ennui très pénible; personne pourtant ne pouvait le comprendre. Je n'aurais pas voulu que mes bons parents eussent la moindre idée de mon ennui et de mon désir de mourir. Ils me croyaient, au contraire, bien contente, car je chantais presque continuellement des cantiques sur la sainte communion et sur le désir du ciel. En soulageant ma peine, ces chants enflammaient encore plus mon cœur. Je ne pouvais alors m'empêcher de pleurer dès que j'étais un moment seule. Un regard vers le ciel me causait une douleur inexprimable. Mon cœur se brisait quand je me voyais encore si loin de mon Jésus!... Il me tardait tant de le voir!...

Quelque temps avant ces longues maladies, Jésus me donnait ordinairement le pressentiment de mes nouvelles souffrances; cette pensée ranimait mon courage et mon désir; et aussitôt que le mal se faisait réellement sentir, oh! que j'étais heureuse! car, chaque fois, j'avais l'espoir que ce serait là ma dernière maladie et que je mourrais bientôt. Mais lorsque le mal diminuait, ma peine devenait plus vive et plus amère. Il me semblait impossible de pouvoir vivre loin de Jésus, surtout en pensant que sur la terre je ne faisais que l'offenser.

Dieu seul peut comprendre tout ce que mon pauvre cœur a souffert dans ces circonstances. Je ne pouvais le dire à personne, et près de Jésus je ne trouvais pas toujours la consolation. Je ne pouvais ni ne savais l'aimer comme je le désirais.

J'éprouvais beaucoup de dégoût dans mes exercices de piété; il me semblait que je ne savais pas faire la méditation, malgré le désir que j'en avais. Je croyais qu'il fallait suivre les méthodes tracées dans les livres, et je ne pouvais jamais venir à bout de m'y assujettir. Je faisais mille efforts pour faire la préparation comme il était marqué, ou pour me rappeler le sujet que j'avais lu; ces efforts étaient toujours inutiles : aussi la méditation me devint très pénible, et souvent j'ai eu à me reprocher d'en avoir abrégé le temps, ou de l'avoir retardée sous le moindre prétexte.

Je n'éprouvais pas la même difficulté lorsque je ne pensais pas que j'allais faire la méditation; car, alors, je me mettais simplement en la présence de Dieu, et aussitôt je me sentais toute recueillie, je m'entretenais cœur à cœur avec Jésus, produisant diverses affections, ou bien me tenant simplement sous son divin regard. Les heures passaient ainsi sans que je m'en aperçusse. Cependant, je ne m'en contentais pas, pensant que ce n'était pas la méditation, et je croyais réellement déplaire au bon Dieu.

La Mère Sainte-Agnès me conseilla d'acheter les *Méditations de saint Ignace*, en cinq volumes, dont on se servait au couvent, me disant que cette méthode m'aiderait. Je suivis son conseil; mais j'avoue que je fus aussi en peine qu'auparavant, ce qui m'affligea beaucoup.

A cette même époque, — je n'avais que dix-huit ans, — il me survint une autre tentation qui me fut très sensible, et qui prouve bien mon mauvais fond; mon cœur se serre toutes les fois que j'y pense.

Je ne trouvais plus dans mon esprit que des pensées de blasphème contre la très sainte Vierge Marie; il me semblait que, loin d'avoir le moindre amour pour cette tendre Mère, je n'avais que des sentiments de haine et d'aversion... Je n'aurais pas voulu voir ses statues ni ses images, ou bien j'aurais voulu pouvoir les détruire. Je ne saurais dire ici tout ce que cela me faisait souffrir, surtout lorsque je voulais faire effort pour prier cette si douce Mère et que je croyais qu'elle me repoussait. Oh! alors n'y tenant plus, je versais un torrent de larmes devant une de ses statues que j'avais sur la cheminée de ma chambre. Le front appuyé contre terre, je la suppliais d'avoir pitié de moi; je lui disais : « Mère si bonne et si tendre pour les pé- « cheurs, je suis la plus coupable, c'est vrai; mais « il est dit que vous n'abandonnez personne et que « jamais on n'a eu recours à vous sans avoir été

« exaucé; serais-je la seule à qui vous refuseriez
« votre miséricorde?... »

Alors mes larmes redoublaient, et je lui criais
encore plus fort d'avoir pitié de moi... Mais je ne
méritais pas que ma prière fût exaucée. J'étais,
sans doute, bien coupable, et j'affligeais le cœur de
cette bonne et aimante Mère, puisque tant de larmes et tant de soupirs ne pouvaient la fléchir. Cette
pensée me déchirait le cœur; je n'osais lever les
yeux sur son image; son regard, d'ailleurs si doux,
me semblait irrité contre moi. Je ne savais plus
que devenir... Cet état m'était si pénible que si Jésus ne m'avait soutenu intérieurement par une
grâce qui, sans être sensible, n'en était pas moins
réelle, je n'aurais pu le supporter un seul jour; et
pourtant il dura près d'un an avec la même violence. Au bout de ce temps, cette peine s'adoucit
un peu; mais elle ne disparut pas entièrement;
pendant de longues années encore, elle m'a fait
souffrir. Oh! que je trouvais triste pour mon cœur
d'enfant de ne pouvoir aimer ma Mère du ciel, et
de penser que j'affligeais son cœur si bon et si
tendre!...

Toutes ces souffrances de mon âme, jointes à
celles du corps, me réduisaient parfois à une faiblesse extrême. Mais tout cela n'eût été rien pour
moi, si je n'avais eu la pensée continuelle que je
déplaisais au bon Dieu et que je ne faisais pas ce
qu'il demandait de moi... Je puis dire que cette
pensée a été pour mon cœur la peine des peines!

Rien ne m'a paru si dur à supporter. Mon âme était parfois dans une telle angoisse que je me surprenais à penser que les jeunes personnes de mon âge, qui se livraient à tous les plaisirs de la vanité et qui suivaient les maximes du monde, étaient plus heureuses que moi, car, sans doute, elles n'éprouvaient pas ces déchirements de cœur et ces peines cruelles qui torturaient mon âme. Mais pour vivre comme elles, il m'aurait fallu abandonner Jésus et ne plus l'aimer! Oh! cette pensée me faisait frémir; je la repoussais bien vite, et je protestais à ce bon Maître que jamais je ne pourrais l'abandonner; me fallut-il souffrir mille fois plus encore, je lui demeurerais fidèle... Que Jésus est bon de m'avoir toujours supportée, malgré mes misères, avec tant d'indulgence et de miséricorde [1] !...

Deux ans se passèrent encore dans la souffrance et dans ce malaise, qui m'étaient si pénibles. Jésus,

---

1. Elle raconte ici le peu de secours qu'elle tirait de son confesseur. Il avait pourtant une haute idée de cette âme; mais il ne la comprenait pas et, par suite, il ne la soutenait pas. Ce ne fut cependant qu'après mûres réflexions et avoir demandé conseil aux personnes les plus capables de la guider qu'elle se décida à changer de confesseur et à confier son âme à M. Azaïs, alors vicaire à Saint-Alain. Il est mort archiprêtre de Sainte-Cécile, métropole du diocèse d'Albi. Eclairée de Dieu comme elle l'était, elle sentait bien que si, dans des circonstances exceptionnelles, les changements peuvent être utiles, ils deviennent nuisibles, s'ils n'ont d'autres motifs que l'inconstance, la vanité ou le découragement. Il est beaucoup plus facile de changer de confesseur que de lutter énergiquement contre ses imperfections.

sans doute, me soutenait de sa grâce, quoique d'une manière non sensible; car, de moi-même, je n'aurais pu supporter un pareil état.

Mes angoisses extérieures augmentèrent encore; les sécheresses, les ennuis, les dégoûts, les répugnances pour mes exercices de piété devinrent plus grands. Je finis par me croire dans un état de tiédeur et entièrement abandonnée de Dieu... je ne savais plus que devenir. La pensée que je déplaisais à Jésus m'était plus insupportable que tout le reste; puis le souvenir de son amour pour moi et pour tous les pécheurs, de mon ingratitude et de celle de tous les hommes, m'accablait et me faisait verser beaucoup de larmes auprès du tabernacle. C'était là surtout que j'aimais à les répandre; car, quoique je ne susse pas prier, j'aurais voulu pouvoir y passer ma vie. J'éprouvais une vive douleur toutes les fois qu'il fallait m'en retirer; je disais à mon Jésus que je ne le quittais que de corps et que mon cœur demeurait près de lui... La vue du tabernacle était ma seule consolation.

Quelquefois, lorsque ma peine était trop forte, je ne pouvais me déterminer à faire la sainte communion. Dieu sait ce que j'endurais quand je n'avais pas le courage de me surmonter : j'étais accablée de peine et d'ennui toute la journée; mon nouveau directeur voulut alors me faire communier tous les jours de la semaine, à l'exception d'un seul.

Depuis ce moment je me sentis toute transformée; le seul souvenir de la communion me faisait pleurer de joie..... et en même temps de douleur en pensant que tant d'amour de la part de Jésus n'était payé que d'ingratitude par tant de cœurs qui le méconnaissent.....

Très souvent, dans la journée, aussitôt que je me trouvais seule, ou que je passais d'une chambre à l'autre, je me jetais à genoux et je laissais échapper de mon cœur des affections brûlantes que Jésus même m'inspirait. La pensée de la communion du matin et de celle que je devais faire le lendemain me transportait de bonheur. Je ne savais comment l'exprimer à mon Jésus.

Plus j'approchais de la sainte table, plus mon cœur s'enflammait d'amour pour ce tendre Sauveur. Dans son infinie bonté Il oubliait, pour ainsi dire, mon extrême misère pour me combler de ses faveurs... Que de douceurs Il m'a fait goûter sur son Cœur tout amour !

Aussitôt après l'avoir reçu je m'écriais : Créatures de la terre, éloignez-vous de moi, sortez toutes de mon cœur, je ne veux que mon Jésus, ne penser qu'à Lui seul, n'aimer que Lui seul, etc. Il me semblait, en effet, que tout disparaissait de mon souvenir, et que j'étais seule dans l'univers avec l'unique amour de mon âme! Cet aimable Sauveur m'entretenait alors de son tendre amour pour les hommes, de l'ardente soif qu'Il a du salut de chacun d'eux ; du désir qui le presse sans cesse de se donner à tous dans ce divin sacrement, de l'indifférence de la plupart pour se nourrir de ce pain délicieux, etc. Tout ce que Jésus me faisait comprendre à ce sujet me déchirait le cœur; j'aurais voulu avoir ceux de tous les hommes pour les lui offrir et le dédommager... Je ne pouvais tenir à la pensée que mon Jésus n'était pas aimé!...

Je le priais, avec beaucoup d'ardeur et de larmes, de se faire connaître et de se venger sur moi de tant d'ingratitude, en me faisant souffrir tout ce qu'Il lui plairait dans le temps et même dans l'éternité, pourvu que je ne cesse pas de l'aimer.

Depuis lors j'ai toujours eu un ardent désir d'être victime pour le Cœur sacré de Jésus en faveur des pécheurs.

Aucune souffrance ne me paraissait trop grande pour cela; les tourments mêmes de l'enfer m'auraient semblé agréables si, en les endurant, j'avais pu faire aimer Jésus!... Mais ce qui était pour moi un vrai tourment, c'était lorsque ce tendre Maître, en me faisant goûter la douceur ineffable de son grand amour, me disait ces paroles en me pressant sur son cœur : *O ma fille, que je t'aime!* Non, il m'est impossible d'exprimer ce que j'éprouvais et de dire combien de fois ce doux Sauveur m'a fait cette grâce, que je méritais si peu. Je souffrais une peine extrême de ne pouvoir répondre à tant d'amour... La crainte de déplaire à un Dieu si bon me torturait sans cesse. Un jour que, me voyant si mauvaise, cette peine me pressait plus vivement encore, après la sainte communion, je l'exposai à mon aimable Jésus. Je le conjurai de ne pas permettre que je lui déplaise jamais, au moins volontairement. Il me sembla, tout à coup, voir une main se poser sur mon cœur, mais une main si belle ! si belle ! que je n'aurais jamais pu m'imaginer rien de si beau dans une main !...

L'impression que j'en éprouvai fut si forte qu'il me semble la voir encore ; jamais je n'ai pu l'oublier. J'eus le sentiment intérieur que cette main si belle était la main de la très sainte Vierge Marie, ma bonne et tendre Mère. Je crus en même temps entendre ces douces paroles : *C'est moi qui te garderai et te protégerai toujours.* Quelle joie et quelle douce émotion j'éprouvai alors ! Oh ! comme j'aurais voulu avoir plus d'amour et de dévotion pour cette tendre Mère ; car, depuis longtemps, comme je l'ai déjà dit, je portais dans mon cœur la peine de ne pas l'aimer assez. Je me suis toujours plus sentie portée à m'adresser directement à Jésus ; cependant je ne passais pas de jour sans la prier.

Je me suis toujours crue redevable à cette tendre Mère d'avoir été préservée jusqu'à présent des tentations contre la sainte vertu... Si quelquefois, c'était bien rarement, quelques pensées se présentaient à mon esprit, aussitôt, instinctivement, mon cœur et mes regards se portaient vers cette divine Vierge, et je lui criais : « Ma Mère, ô ma Mère ! secourez-moi ! » et à l'instant tout s'évanouissait. Il me semble que jamais je ne pourrai la remercier assez de cette si grande grâce qui dure encore.

A cette même époque, Jésus daigna me montrer

son divin Cœur tout éblouissant de lumière. Cette vue m'impressionna beaucoup et me donna un plus ardent désir de me dévouer sans réserve à son culte et à son amour. C'est depuis lors que ce Cœur adorable est l'objet de ma plus tendre dévotion. Cette même faveur me fut accordée très souvent ; chaque fois Jésus me faisait comprendre l'excès de son amour pour nous, et se montrait à moi environné de flammes très ardentes... D'autres fois, je le voyais uni intimement au Cœur immaculé de Marie. Ordinairement, je le voyais seul, et de sa plaie sacrée s'échappait comme un torrent impétueux de grâces qui coulaient jusqu'à terre. C'est cette vue qui m'a toujours le plus impressionnée. Jésus me faisait voir alors le petit nombre d'âmes fidèles à recueillir ces précieuses grâces et le grand nombre de celles qui se mettaient peu en peine d'en profiter...

Cette vue d'un Dieu méconnu me faisait fondre en larmes, et me portait à prier beaucoup pour les pauvres pécheurs. Ce n'était pas seulement dans la prière que cet aimable Cœur se présentait à moi, c'était souvent pendant mon travail ; aussitôt que je passais un instant sans penser à Lui, tout à coup Il se présentait à moi et me disait avec une tendre bonté : « O ma fille ! toi aussi tu veux m'oublier ? » Je sentais alors mon cœur tout embrasé d'amour, et je lui faisais mille protestations de fidélité. Depuis, Jésus m'a fait très souvent la même grâce.

Comment suis-je si froide pour un Sauveur si aimant? Je ne puis le comprendre. Oh! ingrate que je suis...

J'aurais voulu pouvoir parler à tout le monde de la tendre bonté du Cœur de Jésus, afin de le faire mieux connaître et aimer; mais ma timidité m'en empêchait.

Je m'en dédommageais avec une de mes amies, à laquelle j'écrivais assez souvent, comme je l'ai déjà dit. Cette chère amie obtint de mes parents, à force d'instances, la permission de me prendre tous les ans chez elle pour passer quelques jours. Je m'y plaisais beaucoup, parce que là j'étais loin des bruits de la ville.

J'étais heureuse surtout de me trouver tout près de l'église et de pouvoir y aller souvent. J'en profitais le plus possible. Oh! que de grâces j'y ai reçues...

C'était aussi un grand soulagement pour mon cœur de pouvoir parler à mon amie de l'amour de Jésus, qui remplissait tous mes désirs. Comme j'avais confiance en elle, je laissais aller mon cœur en toute liberté; il s'échauffait si fort, en parlant de Jésus, que je me sentais toute transportée!

La vue des beautés de la nature me ravissait d'admiration et me faisait éprouver des joies ineffables, en élevant mon âme vers Celui qui a fait toutes ces choses si belles, si magnifiques!...

C'était surtout dans la petite église de ce cher village de *** que Jésus me faisait sentir la douceur de son amour!... J'y passais de longs moments; j'aurais voulu y demeurer toujours; mais ma bonne A... venait m'en faire sortir trop tôt selon mon désir. Je lui échappais aussi souvent que je le pouvais dans la journée, et je lui disais : « Laisse-moi m'en aller un instant, le divin Ami m'appelle; je vais voir ce qu'il veut; » elle me souriait et n'osait me retenir. Aussitôt que j'entrais dans cette petite église, mon cœur était comme percé d'un glaive en voyant Jésus tout seul dans sa petite prison d'amour ! Je lui offrais en ce moment le cœur de tous les hommes, que j'aurais voulu avoir à ma disposition..... Je ne puis dire tout ce qui se passait alors dans mon âme... Ce tendre Maître m'entretenait familièrement et me découvrait les secrets de son Cœur... Deux fois il m'arriva que les transports d'amour que j'éprouvais furent si violents que, ne pouvant plus y tenir, je pris une chaise, je montai sur l'autel, et, à genoux, j'embrassai le saint tabernacle... répétant à Jésus, si bon, toutes mes protestations d'amour et de fidélité...

Quelques jours après, j'en eus de la peine, craignant avoir mal fait; aussitôt de retour à Lavaur, j'en parlai à mon confesseur, qui me reprit de cela. Il me dit que comme on doit toujours porter un très profond respect au Très Saint Sacrement, je devais m'en punir... Il me donna pour pénitence d'entendre un jour la sainte messe tout à fait au fond de l'église (le jour où je ne ferais pas la sainte communion). Je ne puis dire combien cette pénitence me fut sensible. Je la fis néanmoins en m'humiliant profondément et demandant bien pardon à Jésus.

Pendant que j'étais chez mon amie à C***, je fis connaissance de plusieurs jeunes personnes du village qui étaient très pieuses. Toutes se montraient pour moi d'une bonté si grande que j'en étais bien surprise. Il me semblait que naturellement tout le monde aurait dû me mépriser et que tout en moi était repoussant. Quelquefois je demandais à mon amie si, lorsqu'elle m'emmenait à son bras, elle n'avait pas honte de mon costume si simple, si pauvre, qui contrastait trop avec ses robes de soie. Mais elle était si bonne, qu'elle ne voulait pas que je lui dise cela, et me pressait encore plus près d'elle.

Nous allions quelquefois avec nos amies faire de longues promenades pour aller visiter les églises des paroisses environnantes. Je n'oublierai jamais ce que j'éprouvais alors de douleur, toutes les fois que j'entrais dans ces pauvres églises, à la vue d'un Dieu si mal logé et presque toujours seul... J'allais aussitôt me mettre à genoux sur les marches de l'autel; là, en face et le plus près possible du saint tabernacle, j'épanchais mon cœur dans celui de mon Jésus... J'aurais voulu toujours demeurer là pour tenir fidèle compagnie à ce bien-aimé Sauveur, qui remplissait mon âme de si délicieux sentiments.

Tout ce qui l'environnait était si pauvre et souvent si mal tenu, que cette vue me soulevait le cœur et m'arrachait des larmes. Je ne pouvais comprendre qu'un amour si excessif fût payé de tant d'ingratitude. Je me retirais avec un plus vif désir d'aimer Jésus et de me conformer à sa vie humble et pauvre.

. . . .

Rien cependant ne pouvait me faire oublier mon cher couvent, vers lequel tendaient tous mes désirs [1]. Je n'osais pas trop en parler à mon nouveau directeur, car, dès que je m'adressai à lui et que je lui fis connaître mon attrait pour la vie religieuse, il me dit que le moment n'étant pas encore venu, lui-même se chargerait de me faire connaître ce moment quand il le faudrait. Je me tenais tranquille à ce sujet. Cependant, pour calmer un peu mon désir, je le priai de m'accorder une grâce après laquelle je soupirais depuis longtemps, c'était la permission d'ajouter au vœu de chasteté que javais déjà fait celui de pauvreté et

---

1. Il faut placer ici la demande qu'elle fit pour entrer dans une autre communauté cloîtrée; elle y fut parfaitement accueillie par la Supérieure, qui eut l'intuition du trésor qui se présentait. Mais d'elle-même elle se décida à ne donner aucune suite à cette demande. Dieu lui fit la grâce de ne pas dévier de la voie où il voulait la faire entrer. S'il est facile de décider quand une âme a la vocation religieuse, il n'est pas aussi aisé de décider où elle doit entrer. Ce n'est possible que par une connaissance approfondie de l'âme et de la forme religieuse qu'elle doit accepter. Que de directeurs traitent à la légère ces délicates questions et assument les plus terribles responsabilités !

d'obéissance. Mon directeur voulut bien me permettre le vœu d'obéissance; il me dit même qu'il désirait beaucoup que je le fisse; mais que pour celui de pauvreté il y réfléchirait, et me recommanda de m'y exercer en attendant, comme si je l'avais déjà fait.

Je me mis à l'œuvre avec un bonheur que je ne saurais rendre. Je m'étudiais en toute occasion à me conformer le plus que je pouvais à cette vertu si chère au Cœur de Jésus. Je cherchais tout ce qui me paraissait plus pauvre, et en cela j'avoue que je trouvai bien des actes de mortification à faire, car les choses ne m'étaient pas indifférentes! J'avais toujours cherché, au contraire, pour tous les petits objets à mon usage, tout ce qui me plaisait le plus. Quoique en toute chose j'aie toujours aimé la simplicité, je ne pouvais rien supporter de tant soit peu usé; il fallait que tout fût très propre, très bien fait. Mais dès ce jour je m'appliquai sérieusement à me contraindre en tout. Il suffisait qu'une chose me déplût pour m'y affectionner. Je faisais aussi, toutes les fois que maman me le permettait, tout ce qu'il y avait de plus bas dans la maison. Pour mes habits, je n'avais rien à retrancher, car ils ne pouvaient être plus simples; cependant je trouvai encore le moyen de me mortifier... Je quittai seulement les boucles d'oreilles, et toutes les fois que quelque robe était usée, au lieu de la laisser de côté, selon ma coutume, je la raccommodais par esprit de pauvreté, ce qui surprit

beaucoup maman, qui savait combien cela était
peu de mon goût.

Je ne crois pas avoir eu de mérite pour toutes
ces choses, car, quoique tout d'abord elles me pa-
russent pénibles, aussitôt que je commençais de
les pratiquer elles me devenaient très douces ; je
puis même ajouter que j'y trouvais du bonheur.

Quelques semaines après, mon directeur me fit
rendre compte de la manière dont je m'étais exer-
cée à la pratique de cette chère vertu de pauvreté.
Je le fis aussi bien que je le pus, et je me souviens
que je tremblais beaucoup. Il me fit plusieurs
questions, après lesquelles il me dit qu'il ne trouvait pas plus de difficulté à me permettre de faire
le vœu de pauvreté, qu'il n'en avait trouvé à m'au-
toriser à faire celui d'obéissance, et que dès le
lendemain, après la sainte communion, je pouvais
sans crainte prononcer ces vœux en renouvelant
celui de chasteté. Rien ne pourrait rendre ce qui
se passa alors dans mon âme... Je fus si saisie que
je ne pus rien répondre, mais je me retirai inondée
de bonheur.

C'est surtout le lendemain que je me trouvai
heureuse, lorsque possédant Jésus dans mon cœur
si pauvre, je pus lui renouveler ma donation entière et lui promettre, par vœu, de pratiquer ces
trois chères vertus que j'aimais tant : chasteté,
pauvreté et obéissance !... Je me croyais déjà au
ciel...

La pensée d'être pauvre comme Jésus m'enivrait

de bonheur. Les noms seuls de ces trois vœux, lorsque je les voyais écrits quelque part, me causaient un tressaillement de joie que j'avais peine à contenir. Cela adoucissait un peu l'ennui que j'éprouvais dans le monde. Je ne pouvais me lasser de témoigner à Dieu ma vive reconnaissance de ce qu'Il m'avait permis de me lier déjà à lui par les vœux de religion, et de ce que mon directeur m'enseignait l'esprit de renoncement par les petits sacrifices qu'il m'imposait. Je sentais que Jésus me les faisait aimer toujours davantage.

Malgré toutes ces grâces et ces secours, la pensée que je déplaisais à Jésus continuait à me torturer ; parfois il me semblait que mon cœur se brisait de douleur à la vue de tant de bonté et d'amour de la part de Jésus pour toutes ses créatures... pour moi en particulier... et de tant d'indifférence de la nôtre...

L'impuissance où j'étais de ne pouvoir aimer mon doux Jésus comme je le désirais me faisait extrêmement souffrir, surtout lorsque je me voyais privée de tout sentiment. Il m'arrivait très souvent de n'éprouver que sécheresses, ennuis, dégoûts insurmontables dans tous mes exercices de piété.

Jésus semblait m'avoir entièrement abandonnée, Si je voulais faire une pieuse lecture pour exciter en moi quelques bons sentiments, je souffrais davantage, car je ne comprenais rien à ce que je lisais ; je répétais plusieurs fois la même phrase avec beaucoup d'attention ; mais c'était inutile, je ne la comprenais pas mieux. Je ne puis dire combien cela m'était pénible!... j'aimais tant tout ce qui me parlait de Jésus. Je m'humiliais en pensant que je m'en étais rendue indigne, et je poursuivais la lecture en pleurant.

Pendant mes prières, je souffrais encore bien plus, le soir surtout lorsque j'allais à l'église. Je me plaçais ordinairement dans la chapelle Sainte-Philomène, tout près de l'appui de communion de la chapelle du Sacré-Cœur, où était alors la sainte réserve. Là, le plus près possible du saint tabernacle, où je goûtais quelquefois de si pures délices, je me trouvais souvent dans des peines extrêmes et dans des angoisses terribles que je ne pouvais m'expliquer. Elles étaient augmentées parfois à la vue de mes péchés et de ceux de tous les hommes... Il m'est impossible d'exprimer ce que mon cœur endurait alors... Je ne trouvais un peu de soulagement qu'en m'unissant à Jésus au Jardin des Oliviers, et en répétant après Lui cette prière : *Mon Dieu! que votre volonté soit faite, et non la mienne!* Je me souviens d'avoir quelquefois passé les heures entières à ne faire autre chose que redire cette courte prière en union avec mon Jésus et pleurer avec Lui... Après cela je me trouvais fortifiée intérieurement, de telle sorte que je ne sentais presque pas les douleurs de mon corps qui se trouvait brisé après ces longues oraisons. Je pouvais à peine me soutenir; j'étais raide de froid, car pendant tout ce temps je demeurais, sans m'appuyer, les genoux nus sur les dalles du sanctuaire; en hiver surtout, lorsque je me relevais, je ne me sentais plus. Mais tout cela me paraissait peu de chose, comparé à tout ce que j'aurais voulu souffrir pour mon Jésus...

Ce désir augmentait sans cesse en moi, et mon directeur ne m'accordait que très rarement ce que je lui demandais au sujet des mortifications. La veille des grandes fêtes seulement, il voulait bien me permettre de porter un cilice en crin que la Révérende Mère Sainte-Agnès m'avait donné.

Rien ne me répugnait tant, je puis le dire, que cette sorte de pénitence; ce n'était pas la souffrance que je redoutais, puisque ce cilice était bien moins douloureux à porter que la ceinture de fer; mais j'avais une répugnance extrême, et qui me dure encore, à porter le crin sur moi. Pour surmonter cette répugnance, que je regarde comme une lâcheté, je demandais très souvent à mon directeur la permission de porter ce cilice, mais il me l'accordait rarement. Ce qu'il me permettait plus facilement, c'était la discipline une fois par semaine. Mais cela satisfaisait bien peu l'ardeur de mes désirs.

Lorsque je voyais quelqu'un souffrir, je ne pouvais m'empêcher de lui porter envie et de m'écrier: Oh! que cette personne est heureuse! J'aurais voulu prendre sur moi cette souffrance. J'éprouvais une espèce de jalousie; je me plaignais à Jésus de ce qu'il ne me la donnait pas à moi qui la désirais tant.

Il m'est arrivé très souvent de me sentir prise tout à coup par de violentes douleurs. Je croyais alors posséder enfin ce que je désirais si ardemment ; aussi mon premier sentiment était-il de remercier Jésus, et de le prier d'augmenter ces douleurs et de les faire durer autant de temps qu'Il le voudrait. A peine avais-je fini de parler ainsi, que les douleurs cessaient aussitôt ; j'en étais affligée, car je craignais de m'être rendue indigne de la grâce de souffrir.

Cependant, il faut bien que je le dise, malgré tous ces prétendus désirs, j'étais bien lâche et bien peu généreuse ; j'ai honte de moi-même lorsque j'y pense.

Un jour que je me sentais plus pressée qu'à l'ordinaire du désir de souffrir pour Jésus, j'eus la pensée de tracer une croix sur ma poitrine avec un fer rougi au feu. Je le fis en effet, mais pas avec générosité ; j'appliquai le fer par deux fois pour former la croix, et je ne l'y laissai pas assez longtemps pour que l'empreinte y demeurât toujours comme je l'aurais désiré ; je ne fis que l'appuyer et le retirai trop vite, de sorte que je ne brûlai que la peau. Il me semble que ce qui m'arrêta fut la crainte de ne pouvoir dissimuler cette souffrance à maman. J'avoue cependant que toutes les fois que je pense à cette circonstance, je rougis de mon extrême lâcheté, et je vois bien ce que je suis de moi-même.

. . . .

Nous étions au commencement du mois de juillet de l'année 1852. La bonne Mère Sainte-Agnès me dit que probablement la translation solennelle du corps de sainte Clémentine, qu'on venait de recevoir de Rome, aurait lieu le 20 du même mois ; de faire mon possible pour entrer à cette époque ; elle ajouta qu'elle y tenait beaucoup. Plus elle me pressait, plus j'avais mon cœur à la torture. J'aurais voulu alors qu'il ne fût plus question de vocation. Cependant, ne voulant pas écouter la tentation, je fis prévenir maman que j'entrerais sous peu au couvent. Je n'avais pas le courage de lui en parler moi-même. Je me sentais trop faible et sous une trop pénible impression. Ma bonne mère me fit dire qu'elle ne voulait pas s'opposer à la volonté de Dieu, malgré tout le chagrin que mon départ allait lui causer ; mais elle me demandait d'attendre au moins la fin des vacances à cause de mes deux petites sœurs d'abord, et puis des grandes occupations que nous avions à cette époque ; mon père venait, en effet, d'acheter une autre maison, et nous étions occupés au déménagement.

CHAPITRE III

Octobre 1852. — 20 Juillet 1853. — Prise d'habit.

Au commencement d'octobre 1852, je dus faire, à Castres, un petit voyage. M. l'abbé Azaïs, alors aumônier du couvent de l'Immaculée-Conception, et qui était resté mon directeur, me demanda si je ferais tout ce qu'il me dirait. Je lui répondis que j'étais dans cette disposition, et que je désirais, avec la grâce de Dieu, lui obéir en tout, quoi qu'il pût m'en coûter. J'étais bien loin de penser au sacrifice qu'il allait me demander et qui me coûta tant!

Il me dit alors qu'il voulait que le soir même de ce jour je revienne au couvent pour voir la Mère Supérieure, qui examinerait ma vocation [1]. Il ajouta que je devais, sans crainte, lui ouvrir mon cœur et répondre aux questions qu'elle me ferait. Je ne puis dire jusqu'à quel point cela me surprit. Je ne pouvais comprendre pourquoi un tel commandement! Cependant, je n'osai rien répondre, pas même rien penser.

Je me rendis donc, à l'heure indiquée, auprès de la Mère Supérieure de l'Immaculée-Conception. J'étais très émue et pouvais à peine parler... Elle me reçut avec une grande bonté, et me questionna longuement sur ma vie passée et sur ma vocation... Puis, m'encouragea beaucoup, et me dit que je pouvais suivre en toute assurance l'attrait que Dieu m'avait donné pour le cloître. (Cette bonne Mère, qui était la fondatrice de cette Congrégation, est morte depuis plusieurs années en odeur de sainteté.)

---

1. C'était une petite adresse de M. Azaïs pour justifier la démarche qu'il lui imposait. Cet ecclésiastique, confesseur de la fondatrice, m'a raconté qu'il voulait montrer à cette religieuse, très élevée elle-même dans les voies de Dieu, ce que la grâce avait fait dans une âme, qui s'ignorait si complètement elle-même.

Je m'étais fait tant de violence pour accomplir cet acte d'obéissance que j'en fus malade toute la nuit et les jours suivants. . . . .

. . . .

Cependant, à mesure que j'approchais du jour de mon entrée à Sainte-Claire, mes répugnances devenaient plus grandes ; la vie religieuse m'apparaissait sous un aspect insupportable. Il me semblait que je ne pourrais jamais m'y habituer. La tristesse de quitter ma famille pour toujours me mettait dans un état impossible à dépeindre. Tout était pour moi sacrifice et immolation [1]. Cette belle église Saint-Alain, qui m'était si chère ! j'y avais reçu la première grâce, celle de mon baptême, puis celle de ma première communion et un grand nombre à la suite !... Il m'en coûtait de laisser à d'autres le soin de trois autels dont j'avais la charge depuis si longtemps et que je me plaisais tant à décorer...; de quitter ces lieux bénis et si chers à mon cœur, qui avaient été témoins de mes doux entretiens avec Dieu... souvent de mes larmes et de mes soupirs... Oh ! ces délicieux moments ne s'effaceront jamais de mon cœur ! Aussi, sans un secours particulier de Notre-Seigneur, je n'aurais pu supporter tant de sacrifices qui me brisaient. Mais Il ne me le refusa pas ; Il me donna un si grand désir d'accomplir sa sainte volonté, quoique

---

1. Les détails de ses souffrances ont été abrégées ; son âme sensible, son cœur si aimant lui rendirent plus pénibles qu'à tout autre les tortures dont elle parle.

sans goût, que je trouvai en moi une force et un courage qui ne m'étaient pas ordinaires. — Le soir du 21 octobre je me sentis très émue en embrassant mes bons parents avant de me coucher, comme j'en avais l'habitude ; je le fis avec un redoublement de tendresse, j'avais le pressentiment que c'était pour la dernière fois... Je ne pus dormir de la nuit ; j'étais agitée, et la chère petite Julia, que j'avais avec moi, me demandait ce que j'avais. Cette enfant, quoique jeune encore, me consolait quelquefois dans mes moments de peine. Je lui dis donc que bientôt j'allais la quitter. Depuis longtemps, je lui parlais de mon entrée au couvent... mais à ce moment son chagrin redoubla... Elle me disait que j'allais faire mourir maman de chagrin. La pauvre petite était inconsolable ! Malgré ses larmes, elle me dit cette parole, que je n'oublierai jamais : « O ma chère Joséphine, je ne pourrai pas vivre sans toi !... Mais je sais bien que tu ne peux résister à la volonté de Dieu. Oh ! non, il faut toujours lui obéir quand Il demande quelque chose... »

Pauvre chère enfant, elle ne se doutait pas du besoin que j'avais de cette pensée pour me donner un peu de courage...

Après la nuit si pénible que je venais de passer, je me levai de bonne heure.

Nous devions avoir ce jour-là des ouvrières pour faire le costume de pension pour mes petites sœurs qui devaient rentrer le jour de la Toussaint. Comme c'était moi qui m'étais toujours occupée de ces enfants, je préparai le travail, et je leur dis qu'après la messe j'achèverais de leur expliquer ce qu'il fallait faire.

Je me hâtai donc d'aller à la sainte Messe, à la chapelle du couvent. Immédiatement après mon action de grâces, je passai au parloir, ainsi que me l'avait recommandé M. l'abbé Azaïs, pour savoir enfin quel jour je devais entrer.

La Révérende Mère Sainte-Agnès me remit, en effet, une lettre de mon directeur, dans laquelle il me disait : « L'heure de votre immolation a « sonné... C'est à l'instant même que vous devez « entrer, etc. »

Mon cœur était broyé et plein d'angoisse... et pourtant j'eus le courage de ne pas verser une larme... Je repartis bien vite pour la maison; mais pour ne pas rencontrer ma mère je passai par le magasin. Papa m'arrêta pour me parler; je fis comme si j'avais été bien pressée, et je lui répondis à peine.

Pauvre père ! s'il avait compris que je le quittais pour toujours, que n'aurait-il pas fait !

On aurait dit cependant qu'il avait quelque pressentiment. Il se mit sur la porte, et me suivit des yeux jusqu'à ce qu'il m'eut perdue de vue.

J'arrivai donc au couvent sans trop me rendre compte de ce que je faisais. Il était dix heures... Aussitôt que la porte fut ouverte, je courus me jeter aux pieds de la bonne Mère Sainte-Agnès pour la prier de me bénir; mais je fus prise d'un tremblement si fort que, malgré que je fusse soutenue, j'eus toute la peine du monde pour monter jusqu'à la salle de communauté.

Après avoir prié un instant à la chapelle de la Très Sainte-Vierge, et m'être mise sous sa protection, j'écrivis à mes bons parents pour leur annoncer mon départ; pendant qu'on leur portait ma petite lettre, je me rendis au chœur, afin de prier pour eux.,.

A peine étais-je à genoux, que je me sentis comme écrasée par un poids énorme. Il me sembla que Jésus me présentait une grande et lourde croix, et qu'Il la plaçait lui-même sur mes épaules...

Rien ne saurait rendre l'impression vive et profonde que cela fit sur mon âme. A ce moment tous mes dégoûts, toutes mes répugnances pour la vie religieuse, qui ne m'avaient pas quittés, redoublèrent avec une telle violence que je crus n'y pouvoir tenir. Mais Jésus, toujours infiniment bon, me soutint dans cette circonstance, quoique d'une manière invisible. Il ne permit pas que rien pût m'ébranler. Je lui renouvelai plus fort que jamais le désir de n'appartenir qu'à Lui seul, pour qu'Il fît de moi tout ce qu'Il lui plairait, acceptant aussi sa croix pour la porter avec Lui tous les jours de ma vie... Je répondis à la tentation que je n'étais pas entrée au couvent pour ma satisfaction, mais uniquement pour faire la volonté de Dieu...; que je comptais pour rien tous les dégoûts, ennuis.....

que rien ne me ferait changer de résolution, quand même je devrais en mourir, etc., etc.

Je me relevai, non pas consolée, Jésus ne le voulait pas, mais au moins bien fortifiée... J'eus le courage de ne rien laisser paraître de tout ce que souffrait mon pauvre cœur... et pourtant que cette journée fut cruelle!!!

Je ne pus prendre aucune nourriture. Tout ce que je voyais ou entendais me devenait un nouveau sujet de peine ou d'ennui. Les bontés mêmes que les Sœurs avaient à mon égard m'étaient un vrai supplice. Je ne trouvais un peu de soulagement qu'en répétant sans cesse au fond de mon cœur :

« Mon Dieu, je consens à tout cela et à plus
« encore, s'il le faut, pour avoir le bonheur d'ac-
« complir votre très sainte volonté ! »

Je me dévouai dès lors à porter ces peines toute ma vie, si telle était la volonté de Dieu, pourvu que je ne lui déplusse pas. Ce tendre Sauveur parut satisfait de ma résolution, mais Il me laissa dans cet état assez longtemps encore.

Les commencements de mon noviciat furent très pénibles, non seulement à cause de mon ennui, que je portais en silence, mais encore de mon excessive timidité avec la Maîtresse et de quelques circonstances que le bon Dieu permit, qui augmentèrent beaucoup ma timidité. Mon extrême sensibilité me rendait tout fort pénible ; quelquefois, mon cœur semblait prêt à éclater, surtout quand la tentation devenait plus forte et me rappelait la douleur excessive de mes bons parents... de mon pauvre père, qui se désolait de n'avoir pu m'embrasser une dernière fois...; de ma pauvre mère, que rien n'aurait pu consoler, si elle avait été moins soumise à la volonté de Dieu...; de mon bon frère et de mes chères petites sœurs, que j'aimais plus que moi-même...; des joies si pures et si douces que j'avais goûtées au sein de ma chère famille...

Dieu seul peut comprendre la vive impression que ces souvenirs faisaient sur mon esprit et sur mon cœur... Cependant, par une grâce toute gratuite de sa part, jamais cela ne m'a ébranlée. Plus la tentation devenait forte et pénible, par ma trop grande sensibilité de cœur, plus ma résolution s'affermissait. Je protestais à Jésus du fond de mon âme, que c'était pour Lui seul que j'avais quitté tout ce que j'avais de plus cher, que rien ne me séparerait de Lui... que tous les sacrifices les plus pénibles n'étaient rien pour moi en comparaison du bonheur de le servir et de lui appartenir sans réserve. Après cela je me sentais un peu fortifiée.

Ce qui m'était mille fois plus sensible, c'était la pensée que j'offensais Dieu et que je lui déplaisais en tout. Cette peine n'était pas nouvelle pour moi... mais à cette époque elle redoubla si fort, que mon cœur en était tout brisé; elle me faisait verser bien des larmes.

J'essayai pourtant de parler de mes peines, en

direction, avec notre bonne Mère Maîtresse, et le bon Dieu permit que là encore se trouvât une nouvelle souffrance. Elle me dit bien que tout ce que j'éprouvais au sujet de ma vocation n'était qu'une tentation ; mais elle ne pouvait comprendre que la seule pensée de l'offense de Dieu pût me mettre dans un état si pénible que l'était celui où elle me voyait. Elle me disait que je devais avoir un motif pour croire que je déplaisais à Dieu. Chaque fois que je lui parlais de cette peine, elle paraissait ennuyée et ne me comprenait pas... Hélas ! je ne me comprenais pas moi-même, et je souffrais extrêmement de ne pas savoir mieux m'expliquer !

Dans cet état — il dura à peu près jusqu'au mois d'avril suivant — j'avoue que parfois mon pauvre cœur n'en pouvait plus ; je craignais de succomber. Mais alors Jésus me faisait la grâce de lui renouveler ma ferme résolution d'être à Lui comme Il le voulait et de n'avoir d'autre volonté que la sienne. Quoique ce fût toujours sans sentiment que je lui renouvelais ces promesses, chaque fois cependant je me sentais fortifiée.

Peu à peu la peine devint moins vive. Jésus, toujours si bon pour son indigne enfant, se montra à mon cœur d'une manière plus sensible. Dans mes prières surtout, Il m'attirait sans cesse par un très grand recueillement. Il me donna alors des lumières bien vives sur la perfection qu'Il demandait de moi... sur sa bonté ineffable... son amour infini... sur ma bassesse et mon néant devant

Lui, etc. Je mis par écrit une petite règle de conduite telle qu'Il voulut bien me l'inspirer. Je la transcris ici :

Détachement parfait de toute créature... c'est ce que mon doux Jésus attend de moi !

Oubli entier de tout pour ne plus penser qu'à Lui seul... c'est ce que mon unique Jésus exige de moi !

Renoncement absolu à toute volonté propre et mortification continuelle de tous mes sens... c'est ce que mon tendre Jésus demande de moi !

Oui, ô aimable Époux ! c'est ce à quoi je vais m'appliquer avec l'aide de votre grâce. Je veux faire toujours mon unique plaisir de me contrarier pour votre amour, et je répéterai cette devise qui m'est si chère : « Tout pour vous plaire, ô Jésus ! et rien pour me satisfaire... Jésus, mon cher amour, vous êtes tout, et moi je ne suis rien, rien, rien !!! »

Oh ! quel bonheur ! et que je suis heureuse de n'être rien et que Jésus seul soit tout !

Depuis cette époque, c'est-à-dire à partir du mois d'avril 1853, Jésus me fit tous les jours de nouvelles faveurs ; mais comment les dire ! Cela ne me sera guère possible, car souvent je n'avais pas conscience de ce qui se passait en moi. C'est l'époque de ma vie qui me paraît le plus difficile à raconter. Je prie Jésus de m'aider de sa grâce, afin que je puisse continuer ce récit, pour obéir, malgré tout ce qu'il m'en coûte.

Cet aimable Sauveur augmenta si fort dans mon

âme le désir de l'aimer, que j'en éprouvai une douleur au cœur aussi violente que si on me l'eût brûlé ou percé d'un dard aigu... J'aurais voulu pouvoir l'aimer pour tous ceux qui ne l'aiment pas. Ce souvenir de l'ingratitude des hommes envers Dieu augmentait mon tourment d'une manière qu'il n'est pas possible d'exprimer... Tout ce que je puis dire, c'est que toutes les souffrances intérieures et extérieures que j'ai endurées dans ma vie ne sont rien en comparaison de celles que l'amour de Jésus me fit sentir à cette époque. Le désir de l'aimer mettait mon cœur dans un état si violent, qu'il me semblait parfois ne pouvoir plus résister à ses brûlantes ardeurs !

La pensée du Sacré Cœur au Très Saint Sacrement me devint si habituelle et si continuelle que rien ne pouvait m'en distraire... Je ne faisais nulle attention à ce qui se passait autour de moi. Je sentais la présence de Jésus à côté de moi aussi sensiblement que si je l'avais vu de mes yeux corporels, et cela non seulement lorsque j'étais au chœur, mais dans toutes mes occupations extérieures. Ce tendre Maître me parlait avec une douceur infinie. Il m'instruisait et me disait des choses admirables sur la vie intérieure, sur l'ardent amour de son Cœur pour les hommes.

Je ne puis dire comment se passait pour moi le temps de l'oraison ; tout ce que je sais, c'est qu'à peine à genoux j'éprouvais intérieurement un mouvement subit et extraordinaire qui tournait tous mes sens et toutes les puissances de mon âme vers Dieu, de manière à n'en avoir plus le libre usage... Je ne voyais que Jésus seul... Je le contemplais avec un bonheur inexprimable. Il se montrait à moi avec tant de bonté et d'amour !

Je ne puis y penser sans une vive émotion, car ce souvenir m'humilie beaucoup... Hélas ! je me vois si loin de ce que je devrais être après tant de grâces !

A cette époque, notre Mère Maîtresse changea beaucoup à mon égard, ce qui devint pour moi une épreuve d'un nouveau genre. Souvent elle ne se contentait pas de me faire rendre compte de mon intérieur, elle me faisait écrire certaines choses que je lui avais dites. Oh ! je ne puis dire combien il m'en coûtait ; mais elle l'exigeait, et me disait que ce n'était pas pour moi seule que le bon Dieu me faisait ces grâces. J'obéissais donc malgré mes répugnances, et aussitôt que je lui avais remis ce que j'avais écrit, je n'y pensais plus, en sorte que j'ai presque tout oublié des diverses impressions que j'éprouvai à cette époque. Ce qui n'a pu s'effacer de mon souvenir, c'est que l'amour de Jésus me pressait avec une violence extrême, comme je l'ai déjà dit. Il se montrait à moi d'une manière ineffable et me parlait au cœur avec une tendresse infinie.

Souvent il me montrait le sien brûlant d'amour pour les hommes et laissant couler de sa plaie entr'ouverte un torrent de grâces et de bénédictions sur la terre. Je croyais alors l'entendre me dire

avec tristesse : « Vois, mon enfant, presque per-
« sonne ne vient pour recevoir ces grâces que je
« désire tant répandre ! »

Ce serait trop long si je voulais raconter tout ce
que Jésus me disait dans ces circonstances et autres semblables, et tout ce qu'Il me faisait comprendre de son amour infini et du désir qu'Il a d'être
aimé. Il me semblait parfois que mon cœur n'y
pouvait plus tenir. J'offrais à Jésus l'ardeur des
séraphins et de tous les esprits célestes qui environnent le saint tabernacle, pour suppléer à mon
impuissance, car je ne pouvais rien dire à ce très
doux Sauveur !

Je souffrais de cette impuissance; mais il me
semblait que tout ce que je pouvais faire pour
l'adorer était de me reconnaître impuissante devant
Lui, si grand, si puissant.

Un jour que je me trouvais dans ces sentiments
en sa sainte présence, il me sembla voir l'aimable
Cœur de Jésus dans le saint tabernacle, tout res-
plendissant de gloire, qui m'attirait à Lui. Je vis
en même temps mon pauvre cœur sur l'autel, mais
si pauvre, si petit, si misérable, que je ne pouvais
comprendre que Jésus voulût en supporter la vue
et qu'Il ne le rejetât pas de sa sainte présence.....
Quelle bonté !... Quelle miséricorde !...

Il me resta de cette vue une impression bien
profonde, qui me fit apprécier doublement les
moindres grâces d'un Dieu si grand à un misérable
rien tel que moi...

Ma pensée était sans cesse au saint tabernacle. Quoique Jésus me fît sentir sa présence sensible pendant les occupations de la journée, aussitôt que j'étais au chœur, je croyais voir sa Personne adorable qui me souriait et semblait m'attendre. Je le saluais respectueusement et lui souriais aussi ; je commençais, avant même d'être à ma place, à lui parler comme je l'eusse fait à l'ami le plus tendre. J'ai toujours conservé depuis cette habitude, quoique j'aie à me reprocher mon peu de foi et mon peu de respect devant le Très Saint Sacrement.

. . . .

Je me sentais toujours plus portée à prier pour les pauvres pécheurs ; j'aurais voulu souffrir pour eux tous les tourments possibles. Je le disais souvent à Jésus... Je lui demandais un jour cette grâce, lorsque, tout à coup, Il se montra à moi, portant sa croix et montant au Calvaire. Je fus d'abord surprise de ne pas voir ce doux Sauveur comme on le représente ordinairement, courbé sous le poids de la croix, etc. Je le vis, au contraire, avec un air de douce majesté qui me frappa. Sa face adorable brillait d'un éclat éblouissant. Ses traits divins étaient d'une beauté ravissante ! Oh ! qu'il était beau, ce doux Sauveur !

Il me fit comprendre d'une manière bien claire qu'étant véritablement Dieu, quoique revêtu de sa sainte humanité, il aurait pu nous sauver par un seul acte de sa volonté, autrement que par la croix, mais qu'Il avait voulu endurer tous les tourments

de sa Passion pour mieux nous montrer l'excès de
sa tendre charité ; que rien ne lui est si agréable
qu'une âme qui, volontairement, se dévoue à la
souffrance pour son amour, cherchant à alléger sa
Croix, en la portant elle-même à sa suite.

Je sentis alors mon désir de souffrir devenir plus
ardent... Je conjurai mon aimable Jésus de ne pas
permettre que je passe un seul jour sans quelque
souffrance conforme à sa volonté, pour lui être
agréable et aussi afin que tous les pauvres pécheurs
pussent profiter des fruits abondants de sa passion
et de sa mort.

Jésus alors parut insister sur ces paroles qu'Il
m'avait dites, et me les répéta encore : « Je ne veux
« à ma suite que des âmes volontaires... Je ne force
« personne ; c'est pourquoi j'ai laissé à ma créature
« le libre arbitre de sa volonté, etc. »

Je ne sais ni ne puis exprimer tout ce que
j'éprouvai à ce moment, et combien je me trouvais
heureuse d'avoir à ma disposition ma volonté pour
lui en faire hommage. Oh ! combien je désirais avoir
aussi celle de tous les hommes pour la donner sans
réserve à ce tendre Maître. Ce désir me brûlait
intérieurement, et je ne savais plus comment le
lui exprimer. Il parut content de mon désir et me
fit sentir intérieurement qu'il me ferait souffrir...
Et avec un doux et tendre regard, qu'il me semble
voir encore, Il me dit : « Souviens-toi toujours,
« mon enfant, lorsque tu souffriras, que tu m'as
« demandé cette grâce. Oh ! ne l'oublie jamais ! »

Il est vrai, comme je le dirai plus loin, que j'ai eu besoin bien souvent de ce souvenir pour soutenir mon courage et fortifier mon cœur. L'aimable Jésus me pressa ensuite plus fortement de le prier pour les pauvres pécheurs ; Il m'inspira qu'Il lui serait bien agréable que je recitasse tous les jours, les bras en croix, cinq *Pater, Ave* et *Gloria* en l'honneur de ces cinq plaies adorables, afin d'obtenir par Elles que les mérites abondants de sa sainte Passion fussent profitables à toutes ces pauvres âmes. Pendant longtemps je fus très fidèle à cette petite pratique ; si j'y manquais quelquefois, par oubli ou par négligence, Jésus me le reprochait.

. . . .

C'est surtout à la sainte communion que ce doux Sauveur me faisait goûter des délices ineffables qu'il m'est impossible d'exprimer. A peine avais-je reçu ce pain de vie, qu'aussitôt il se faisait en moi je ne sais quel mouvement extraordinaire. Je sentais d'une manière si sensible la présence de mon Jésus, et en même temps la grandeur de mon indignité, que j'avais toute la peine du monde pour retourner à ma place ; quelquefois même j'étais obligée de demeurer près de la grille, ne pouvant pas me soutenir. A cette époque, je faisais la sainte communion quatre fois la semaine et le dimanche. C'était beaucoup, sans doute, pour moi, mais pas assez pour mon désir. J'avoue qu'il m'en coûta beaucoup de ne plus la faire tous les jours, comme j'en avais l'habitude avant d'entrer. Ce fut, avec

la peine de ne plus voir le saint tabernacle, une
de mes plus grandes privations. Oh ! que cette grille
qui nous le cache me faisait souffrir ! Il m'était si
doux autrefois de passer de longues heures à contempler cette prison d'amour où se cache mon divin Bien-Aimé.

J'ai trouvé un papier que j'avais écrit à cette
époque , et puisque l'obéissance ne me permet pas
de rien omettre, je vais le transcrire tel qu'il est.

Mon doux Jésus ! mon bon Sauveur ! mon cher
amour ! vous venez de me remplir de vous-même
dans la sainte communion ! Oh ! quelles délices
ineffables ne me faites-vous pas goûter... Oui, je
viens de m'asseoir à la table des anges, et là il m'a
été donné de me nourrir de ce pain céleste et divin
dont mon âme est affamée... J'aurais voulu par
mes désirs en devancer le moment, sans cependant
oublier mon indignité... La crainte que j'éprouve
sans cesse de lui déplaire me fait trembler... Aussi,
lorsque ce doux Sauveur a été dans mon cœur, j'ai
tâché de m'abaisser et de m'humilier à ses pieds,
le plus qu'il m'a été possible. Il me semblait être
réellement prosternée devant Lui. Je le priais de
m'anéantir... de m'écraser sous sa majesté sainte,
plutôt que de permettre que moi, pauvre misérable
créature, je lui déplaise en la moindre des choses...
Oh ! que je sentais vivement ma peine... Alors
Jésus, le tout aimable Jésus, a semblé être touché
de mon état, et avec sa bonté de père, il m'a dit :
« Ma fille, ne crains rien ; ne sais-tu pas que je

« suis près de toi... dans ton cœur... que je t'aime
« avec tendresse ou plutôt avec passion, car tu ne
« comprendras jamais l'amour immense d'un Dieu
« envers sa créature. »

Je sentais, en effet, dans mon cœur quelque
chose qui n'était pas ordinaire, mais que je ne sais
expliquer... Cependant ma peine étant toujours la
même, je lui ai dit : « Mon Dieu, que je serais
malheureuse si je vous déplaisais ! Oh ! faites-
moi connaître ce que je dois réprimer en moi. De
grâce, ô Jésus ! je vous en supplie, avec toute la
confiance que vous-même m'inspirez, ne me laissez
pas dans une ignorance qui me rendrait coupable
à vos yeux. » « Tu me plais, ma fille, m'a répondu
« ce doux Sauveur, par la disposition habituelle
« où te tient ma grâce, de m'abandonner le soin de
« tout ce qui te regarde, et de te sacrifier pour
« moi au premier signe de ma volonté; ne te
« troubles donc plus des misères qui échappent à
« la faiblesse humaine. Je pardonne tout à une
« volonté ferme et sincère de me plaire en toute
« chose. »

Plus le bon Jésus cherchait à me consoler, plus
j'éprouvais de peine croyant que mon désir de lui
plaire ne lui était pas agréable... Je lui ai parlé
ainsi : « Puis-je croire, mon Jésus, que c'est vous
qui me consolez. Si c'est ainsi, pourquoi ne puis-je
pas me persuader de ce que vous me dites? Mon
Dieu, ayez donc pitié de moi, car je crois bien être
dans un état qui vous déplaît. » Tout à coup, sans

répondre à ce que je lui disais, Il m'a adressé ces paroles : « Ma fille, je t'aime passionnément. »

Toute préoccupée de ce que je venais de lui dire, je ne comprenais pas ce qu'Il demandait de moi, et aussitôt Il a ajouté : « Eh bien! que faut-il me « répondre lorsque je te dis que je t'aime passion- « nément? » « Que je vous aime, mon Jésus, et que je veux vous aimer ardemment, sans mesure et sans partage... »

« C'est là, ma fille, ce que je demande de toi : « ton amour... rien que l'amour... et, toi, que dési- « res-tu? » « Oh! mon Dieu, ce que je désire le plus en ce monde, c'est de vous plaire et de souffrir pour vous!... » « Eh bien! ma fille, tu souffriras « en faisant ma volonté sans le savoir, et tu me « plairas en souffrant. »

Le bon Jésus mêlait à toutes ses paroles une onction si douce, si suave qu'il est impossible de l'exprimer!... Il m'a prise ensuite sur son Cœur... Oh! c'est là surtout que l'on goûte la paix et la douceur! là qu'Il fait sentir plus vivement son amour... O amour, amour, si nous te comprenions!

Ici se termine le billet qu'elle transcrit. — Elle reprend son récit :

Souvent je me surprenais à envier le bonheur des prêtres qui, dans leur saint ministère, peuvent faire aimer Jésus et lui gagner des âmes.

Un jour je réfléchissais à tout ce que notre divin Sauveur a fait et souffert pour sauver nos âmes, et je pensais qu'elles devaient lui être bien chères... Tout à coup Il daigna me montrer la beauté d'une âme innocente et pure, sans aucune tache de péché. Oh! comme elle était belle et resplendissante de blancheur... celle de la neige ne lui est pas comparable!...

Je ne pus distinguer aucune forme, mais sa beauté me ravit... Je ne saurais rendre mon impression ni comparer ce que je vis avec rien de ce qui est sur la terre, car rien, rien n'est comparable à cette beauté qui est une émanation de celle de Dieu même!

Je pensais alors qu'il n'était pas étonnant que pour sauver une seule âme tant de saints missionnaires s'exposassent à toutes sortes de dangers et de fatigues. Oh! comme je leur portais envie!

Jésus me montra en même temps combien il est facile de ternir, par le péché, une telle blancheur, et combien il faut prendre de soins pour conserver l'âme toujours pure, afin qu'elle soit agréable à ses yeux divins. Il me fit comprendre qu'autant une âme est belle lorsqu'elle est pure, autant elle est hideuse lorsqu'elle est souillée, surtout par le péché mortel.

Oh! quel sentiment d'horreur cela me fit éprouver!... Je ne puis l'exprimer... Je ne pouvais en supporter la vue... Je vis aussi que les fautes journalières qui échappent à notre faiblesse, ainsi que les imperfections, tombent sur l'âme et forment des taches plus ou moins grandes qui en ternissent plus ou moins la beauté. Jésus me fit comprendre qu'il fallait, pour lui plaire, avoir un très grand soin d'enlever ces petites taches, aussitôt qu'on s'en aperçoit, par les moyens qu'il est si facile d'employer, comme de prendre de l'eau bénite avec respect, etc., afin de tenir son âme toujours pure... que ne pas faire ainsi était une négligence qui affligeait son Cœur... puisqu'alors Il ne pouvait regarder cette âme avec autant de complaisance.

Je ne puis rendre tout ce que Jésus me fit comprendre alors, et je souffre de cette impuissance à m'exprimer... Mais je puis dire qu'il m'en resta une forte impression qui me donna plus d'horreur du péché, si léger qu'il pût être, et un plus grand désir de prier et de souffrir pour les pauvres pécheurs !

Par un autre effet de la grâce, tout ce que je voyais, même les choses les plus indifférentes, m'élevaient vers Jésus et faisaient naître en moi des réflexions instructives et très utiles à mon âme ; je n'ai jamais pu les oublier. Souvent ces pensées occupaient tellement mon esprit et mon cœur, que je ne voyais plus ce qui se passait autour de moi. Je crois qu'alors j'étais privée de sentiment, car je ne savais pas ce que je faisais. Cela m'arrivait assez souvent. Notre bonne Révérende Mère Sainte-Agnès me reprenait quelquefois. Elle me disait que cela lui déplaisait fort, et qu'il fallait m'en corriger. Je le voulais bien, je puis le dire; mais comme je ne m'en apercevais pas moi-même, cela m'était bien difficile... Du reste, c'était le plus souvent au moment où je ne m'y attendais pas que je me sentais saisie intérieurement. Je me trouvais alors devant Dieu, je ne sais comment, et je demeurais immobile, de sorte qu'il me devint presque impossible de faire aucune prière vocale, à part le saint office, que j'ai toujours beaucoup aimé, et le chapelet. . . . . . .

. . . .

Un jour, pendant l'oraison, Jésus me montra un chemin très long et très obscur... Il me dit que je devais le parcourir jusqu'au bout, mais qu'il serait toujours avec moi... Seulement, Il me fit observer que ce chemin était rempli d'épines dans le milieu, et non sur les bords... qu'il me fallait choisir : ou de marcher au milieu, sur les épines, ou sur les bords, sans épines. Si je voulais marcher sur les bords, j'y aurais plus de lumière, je ne sentirais point la piqûre des épines; j'aurais sa présence sensible; mais je serais plus exposée... Si, au contraire, je voulais marcher au milieu du chemin, j'y serais plus en sûreté, mais je n'y trouverais que ténèbres épaisses et peines de tout genre. Et encore que si je consentais à vouloir lui épargner à *Lui-même* la piqûre des épines, Il se tiendrait plus éloigné de moi... qu'alors je ne le verrais ni ne le sentirais à mes côtés, et que cela augmenterait beaucoup toutes mes autres douleurs... Mais Il m'assura que, malgré que je ne sente pas sa présence sensible, Il ne serait pas bien éloigné et qu'Il ne me perdrait jamais de vue.

Je fus très impressionnée et sentis dans mon cœur un plus grand désir de la souffrance, qui ne pouvait venir que de Dieu. Je dis aussitôt à mon Jésus que je désirais, avec le secours de sa grâce, marcher au milieu du chemin, sur les épines, dans l'obscurité, et y endurer toutes les privations qu'Il voudrait, dans l'unique but de lui plaire davantage. Mais je le suppliais de ne pas m'abandonner, à cause de mon extrême faiblesse, et de ne jamais permettre que je l'offense [1].

. . . .

Je fus saisie un jour, pendant le temps de l'oraison, par un profond recueillement, durant lequel il me sembla voir une colonne placée au milieu d'un affreux précipice... Je me vis revêtue du saint habit de religion, debout sur cette colonne, sur laquelle se trouvait aussi une barre de fer dont la cime, que je ne pouvais voir, se perdait dans les nues. Je me tenais fortement à cette barre de fer, qui était très solide ; sans elle, je serais tombée certainement dans cet affreux précipice, car un vent violent s'élevait parfois et venait m'ébranler.

1. Cette vision s'est constamment réalisée dans sa vie. Dans les angoisses terribles que je lui ai vu traverser, je lui disais souvent : « Mais, ma Mère, ce que vous souffrez prouve une seule chose : c'est que vous êtes au milieu du chemin, là où sont les épines, et, par suite, vous êtes parfaitement en sûreté. »

Oh ! alors, je serrais plus fortement cette barre de fer, et je me sentais en parfaite assurance, malgré tous les dangers qui semblaient me menacer. Je trouvais pourtant cette barre de fer bien dure ; j'aurais voulu pouvoir me soulager un peu en cherchant un appui plus doux ; mais il n'y avait pas moyen. Cependant, comme je désirais cet appui, il me sembla que de loin, sur le chemin qui bordait le précipice, quelqu'un me présentait un bâton et le faisait arriver jusqu'à moi. J'essayai alors de m'y appuyer d'une main, et je sentais un petit soulagement ; mais lorsque je les y appuyais toutes les deux, je m'apercevais aussitôt que c'était un roseau que mon poids faisait plier et qui menaçait de se briser. Je saisissais de nouveau et bien vite la barre de fer. Je tremblais à la vue du danger que j'avais couru, me promettant bien de ne pas m'exposer ainsi de nouveau, et pourtant cela me parut se renouveler plusieurs fois.

Cette vue m'impressionna si fort que jamais elle ne s'effacera de ma mémoire... Je priai Jésus de me faire comprendre ce que cela voulait dire. Il me fit voir alors que, tandis que nous restons sur la terre, nous sommes environnés de dangers, surtout de celui de tomber dans le péché, mille fois plus à craindre que tout autre, danger qui était représenté par le précipice affreux que je voyais au-dessous de moi et qui me faisait tant d'horreur... La colonne sur laquelle je me trouvais représentait le lieu de sûreté où Il avait bien voulu me placer, par

un pur effet de sa bonté, en me retirant du monde.
Là encore je serais exposée, il est vrai, au vent de
la tentation; mais je serais en parfaite assurance
tout le temps que je me tiendrais fortement attachée à Lui seul, par une ferme confiance, représen-
tée par cette barre de fer très solide, dont la cime
se perdait dans le ciel et jusque dans le Cœur
même de Jésus.

Il me montra que, dans l'état pénible où je me
trouverais, j'aurais surtout besoin de confiance en
Dieu... que je devrais m'y attacher fortement pour
ne pas tomber... que bien souvent je trouverais
pénible de n'avoir que cet appui, dont je sentirais
la force, il est vrai, mais non la douceur; c'est ce
qui me ferait désirer quelquefois un peu de soulagement dans un appui plus sensible... Je voyais
cependant que, quand je le chercherais dans la
créature, il me faudrait bien prendre garde de ne
m'y appuyer que faiblement et comme Dieu nous le
permet, sans quoi je risquerais de briser ce faible
roseau, et de tomber dans le précipice, c'est-à-dire
dans le péché.

Je ne sais pas expliquer ces choses comme je les
compris. Ce fut pour moi une leçon salutaire qui
me fit faire de sérieuses réflexions très utiles pour
le bien de mon âme, et qui m'occupèrent très longtemps durant l'oraison.

Je puis déclarer que Dieu lui a fait la
grâce de ne jamais laisser cette barre de

fer, qui, parfois, était bien dure à tenir, et de ne s'appuyer sur rien. Pendant dix-sept ans que j'ai été le témoin incessant de ses pensées, je dois dire qu'elle n'a jamais cédé au plus léger retour sur elle-même.

Le mois de juillet approchait; j'espérais voir arriver enfin le jour de ma prise d'habit!... Comme on devait célébrer cette année-là la fête de sainte Clémentine pour la première fois, les 20, 21 et 22 juillet, on avait retardé notre prise d'habit jusqu'à cette fête, afin de la rendre plus solennelle. C'est ce qui fut cause que mon postulat fut de neuf mois. Je trouvai ce temps bien long, je l'avoue, car je soupirais avec une vive impatience après ce jour béni où je pourrais m'unir plus intimement à mon Bien-Aimé.

Pour résolution de ma retraite de prise d'habit, je ne pus que promettre à Jésus de me donner tout à Lui sans aucune réserve, puisqu'Il allait se donner tout à moi. Hélas! qu'était-ce que je lui donnais? Un peu de boue... mais je savais qu'un si habile ouvrier pouvait encore de cette boue infecte faire quelque chose à son gré. Je lui promis donc qu'avec le secours de sa grâce je ne lui résisterais pas, que je voulais toujours demeurer entre ses mains divines, me laissant tourner et retourner selon son bon plaisir.

Arriva enfin le jour heureux si longtemps attendu ! Ce fut le 20 juillet 1853... Le matin, avant la cérémonie, mon directeur, M. l'abbé Azaïs, demanda à me voir au parloir. Je me souviens que je lui parlai assez longuement sans me rendre compte de ce que je lui disais ; je n'étais pas à moi. Je sus plus tard qu'il avait été très ému en me voyant ainsi. J'avoue que je n'y avais pas pris garde, car je ne pensais pas être avec une créature.

Pendant la cérémonie, je ne vis personne, ni ce qui se passait autour de moi. J'agissais quand il le fallait, sans me rendre compte de ce que je faisais. Après la sainte communion, je ne sais ce qui se passa dans mon âme, et n'ai point d'expression pour le rendre. Tout ce que je puis dire, c'est qu'il me sembla que tout en moi changeait.

J'étais impressionnée de me trouver devant la châsse de notre bien-aimée sainte Clémentine, exposée dans le sanctuaire, mais je ne sais dire de quelle manière se pressaient dans mon âme tant de pensées et de sentiments divers qui ne venaient pas de moi. Ce qui s'est le plus fortement gravé dans ma mémoire est la vue que Jésus me donna d'une très belle rose aux couleurs les plus vives et d'une odeur très suave. Elle était placée au milieu d'un faisceau d'épines très aiguës. Le vent faisait sans cesse balancer cette fleur sur sa tige flexible, tantôt d'un côté, tantôt d'un autre ; chaque fois elle touchait aux épines qui la déchiraient... Plus le vent était violent, plus les épines la meurtrissaient, et plus aussi son parfum se répandait au loin et devenait plus agréable.

En pensant à cela, j'avais sans cesse l'aimable sainte Clémentine dans mon esprit ; mais je ne sais comment exprimer ce que j'éprouvais. Jésus me fit comprendre qu'il voulait que mon âme fût comme cette rose, toujours vermeille, c'est-à-dire tout amour pour Lui, mais amour pur et tendre, et toute charité pour le prochain ; que les peines et les contradictions de la vie sont autant d'épines qui nous blessent, mais qu'elles sont envoyées par le vent de la volonté divine, et que, malgré cela, ce tendre amour et cette tendre charité ne doivent point se ralentir, mais, au contraire, devenir alors plus vrais, plus solides, plus réels, afin que le parfum de ces vertus ainsi pratiquées dans l'épreuve réjouisse le très doux Cœur de Jésus et fasse aussi du bien à ceux qui le respirent...

Oh ! après tant de grâces reçues, et de saintes instructions que Jésus m'a données sans cesse, pourquoi suis-je si lâche et peu ardente à son divin service ? Ne devrais-je pas en mourir de honte !... Aussi j'avoue que je n'aurais jamais osé écrire ces choses si l'obéissance ne m'y avait forcée... Dieu sait si elle me coûte !!!

CHAPITRE IV

20 Juillet 1853. — 31 Juillet 1859.

Après ma prise d'habit, je ne me reconnus plus.
Je ne pouvais m'expliquer le changement qui
s'était opéré en moi... Quelques jours se passèrent
encore dans cet état d'étonnement ; mais, peu à
peu, je sentis que j'allais éprouver bientôt la réalité de ce que Jésus m'avait fait entrevoir. Il commença, en effet, à se retirer un peu de moi, mais
par petits intervalles ; on aurait dit qu'Il ne voulait pas m'effrayer tout à coup[1].

1. Elle eut beaucoup à souffrir de la nouvelle Maîtresse qui
entra alors au noviciat. Dieu s'en servit pour la faire passer

L'année de mon noviciat allait être terminée ; on commençait à parler de ma profession. Alors mes craintes de n'être point reçue et d'être chassée de la communauté redoublèrent et torturèrent violemment mon cœur ; elles me poursuivaient sans cesse et finirent par me troubler. Oh ! alors je fis tout mon possible pour les rejeter comme de mauvaises pensées, car je n'ai jamais pu supporter le moindre trouble dans mon âme. Je n'y parvins, cependant, qu'après bien des efforts et des actes d'abandon souvent réitérés. Je disais à Jésus que je n'étais venue au couvent que pour accomplir sa très sainte volonté... Qu'on aurait bien raison

par le creuset de la tribulation. Peu versée dans les voies spirituelles, cette religieuse manquait de ce jugement et de ce tact si nécessaires dans ces délicates fonctions. Au lieu de la fortifier dans ses épreuves, elle donnait en quelque sorte une nouvelle force aux tentations. Elle faisait, à son insu, comme les amis de Job. Sans doute, Dieu soutenait cette âme d'élite, et faisait servir à sa plus grande sanctification cette direction inintelligente. Mais Il n'approuve pas cette manière d'agir ; les blâmes sévères que reçurent les amis de Job le prouveraient assez, s'il en était besoin. Ceux qui ont le grand devoir de conduire les âmes dans les voies de la sainteté ne devraient jamais perdre de vue qu'ils sont obligés de s'instruire, afin de pouvoir les soutenir et les conduire dans les voies où elles sont appelées.

Accablée par des souffrances de toute nature, souvent elle se sentait à bout de forces. Mais, au lieu de chercher la consolation en elle-même ou dans les créatures, comme font tant d'âmes faibles, elle redoublait d'efforts pour aller vers Jésus. Elle ne se plaignait qu'à Lui seul. Ce très doux Sauveur ne la consolait pas d'une manière sensible, mais Il la soutenait. Il lui montrait que toutes les grâces qu'elle avait reçues étaient pour la préparer à la souffrance. Et Il lui donnait le désir d'être éprouvée plus fortement encore.

de m'en chasser,.. Je reconnaissais bien que je m'étais rendue indigne de cette sublime vocation... Mais j'espérais tout de son infinie miséricorde ! Je luttai ainsi péniblement pendant plusieurs jours entre la crainte et l'espérance... Le calme revint enfin dans mon âme, et je me trouvai tellement abandonnée à la volonté de Dieu que si, en effet, il m'avait fallu sortir, cette peine ne m'aurait nullement troublée, quoiqu'elle ne m'eût pas été indifférente.

Lorsqu'on me dit que le scrutin m'avait été favorable et que la communauté avait bien voulu me recevoir, je ne puis rendre ce que mon cœur éprouva de joie, de bonheur, de vive gratitude; je ne savais comment le témoigner à Dieu et à la communauté.

J'aurais voulu me disposer à cette si grande action de ma profession religieuse par un redoublement de ferveur. Je n'éprouvai, au contraire, qu'un redoublement de sécheresses, d'aridités spirituelles, de dégoûts, de craintes, d'angoisses, d'ennuis et de toute sorte de peines... Rien ne m'aurait coûté pour me rendre un peu meilleure, et, cependant, je ne faisais, me semblait-il, rien pour cela.

Je croyais que Jésus m'avait entièrement abandonnée et que je ne l'aimais plus !... Comme pourtant je ne désirais pas autre chose que cet amour, j'éprouvais dans mon âme une peine excessive. Ce qui l'augmentait encore et me tenait dans un grand accablement, c'était, d'un côté, la vue de la grandeur infinie de Dieu, à qui j'allais renouveler mes engagements sacrés d'une manière solennelle (car j'avais déjà fait ces chers vœux depuis long-temps), et, de l'autre, la vue de ma bassesse, de mon néant qui me faisaient trembler. Je ne pouvais que redire sans cesse : « Vous êtes tout, ô mon Dieu! et moi je ne suis rien... » Cette pensée soulageait un peu mon cœur, et me rendait heureuse par la confiance que Jésus me donnait, qu'Il aurait pitié de ce misérable néant qui s'abandonnait à Lui sans réserve... Je le priais surtout, qu'en récompense du faible sacrifice que je lui faisais de tout moi-même, Il voulût bien m'accorder enfin la grâce que j'ai toujours le plus désirée et sollicitée, celle de lui devenir semblable *par la souffrance...* J'entrevoyais ce tendre Époux m'attendant sur la sainte montagne du Calvaire, et là, m'unissant à Lui d'une manière plus intime, je recevais sa Croix chérie comme gage de notre union. Cette espérance me faisait encore plus désirer de voir arriver ce jour béni.

J'ai oublié de dire que lorsque j'éprouvais tant de crainte de n'être point admise à la profession, il m'était venu le désir de demander qu'on voulût bien me recevoir comme Sœur converse. Je repoussai d'abord cette pensée, car il paraissait trop dur à mon cœur de ne pouvoir psalmodier le saint office que j'ai toujours tant aimé. Je chassai donc cette idée; cependant, elle revenait et me poursuivait sans cesse; je finis par craindre de résister à la volonté de Dieu en la repoussant. Ma plus grande difficulté était d'en parler à notre Maîtresse. Je n'osais pas à cause de ma timidité.

Mais plus j'y réfléchissais, plus je m'affectionnais sincèrement à cet humble état de Sœur converse. Je me déterminai donc à en parler en tremblant à notre Maîtresse, mais sans lui dire les luttes que mon cœur avait eu à soutenir à cette occasion. Je la priai simplement de m'obtenir cette grâce. Elle sourit à ma demande et parut ne pas croire à mes paroles; cependant elle me promit d'en parler à notre Révérende Mère.

Cette demande fut écartée.

Je ne pensai donc plus qu'à me laisser faire et à me préparer à ma profession; mais ce fut, comme je l'ai dit, par un redoublement d'angoisses, de ténèbres intérieures, etc.

La veille de ma profession, lorsque je dus me confesser, je me trouvai dans une plus grande peine; j'aurais voulu m'accuser en détail de toutes les fautes de ma vie passée dont j'éprouvais tant de douleur. Et pourtant, malgré le désir ardent que j'avais de bien ouvrir mon cœur pour laisser voir à découvert tout ce qu'il y avait de mauvais, je ne savais rien dire, je ne me souvenais plus de rien, j'étais dans une angoisse inexprimable. Heureusement, M. Bouange se trouvant ici, on nous envoya à lui pour nous confesser; ce bon Père, me voyant dans une si grande peine, me rassura avec beaucoup de bonté en me disant que je pouvais être parfaitement tranquille, qu'il se souvenait de tout ce que je lui avais dit en diverses circonstances... Ces paroles tombèrent sur mon âme comme un baume consolateur; aussi j'ai bien souvent remercié Jésus de me l'avoir envoyé à cette époque. Que serais-je devenue dans l'état de peine où je me trouvais s'il avait fallu me confesser à un prêtre qui ne m'eût pas connue? J'étais très persuadée qu'alors personne ne savait mieux que lui combien j'étais mauvaise.

Au moment de me donner la sainte absolution, M. Bouange me dit que Jésus me faisait la même promesse et m'adressait les mêmes paroles qu'Il avait fait entendre autrefois à notre glorieuse Mère sainte Claire : « Je vous garderai toujours ».

Il m'est impossible de rendre l'impression de bonheur que ces paroles me firent éprouver. Je ne puis jamais me les rappeler sans en être vivement émue.

. . . .

. . . .

Ce fut le 31 juillet de l'année 1854 que j'eus le bonheur de faire ma profession religieuse.

Je me trouvai dès le matin dans un accablement que je ne puis rendre, causé par la crainte de déplaire à mon aimable Époux, auquel j'allais m'unir si étroitement... Je me trouvais si froide, si indifférente pour répondre à tant d'amour et de miséricorde de sa part!...

Pendant la cérémonie, je me sentais heureuse, malgré le brisement de mon cœur. Il me tardait d'avoir consommé mon sacrifice. Aussitôt que j'eus reçu mon Jésus dans la sainte communion, je me hâtai de me donner tout à Lui pour qu'il fît de moi tout ce qu'il voudrait. Je lui renouvelai tous mes désirs, en particulier celui d'*être attachée à la Croix avec Lui,* et de ne m'en séparer jamais, afin de pouvoir lui ressembler un peu.

Je me sens bien impuissante à dire tout ce qui se passa alors dans mon âme. Ce fut un mélange de joie et de tristesse...

Je me voyais avec mon Jésus sur la montagne du Calvaire, au pied de sa Croix, que j'embrassais avec amour. Jésus ne me dit rien, mais son divin regard me pénétra jusqu'au fond de l'âme; et, en augmentant en moi le désir et l'amour de la souffrance, il me fit comprendre que je serais exaucée. Il me promit que *sa croix* serait désormais mon plus précieux trésor. Cette promesse me combla de joie.

Je ne puis dire l'impression de bonheur que j'éprouvai après que j'eus accompli mon sacrifice! J'étais enfin religieuse, Épouse de Jésus, consacrée à Lui seul pour le temps et pour l'éternité. Ces pensées me rendaient folle de joie.

Mon bonheur était si grand qu'il me fit oublier pour un moment toutes mes peines, qui cependant ne s'évanouirent pas entièrement.

Je transcris ici les sentiments de mon cœur, que j'écrivis à cette époque, et qui me font du bien toutes les fois que je les relis, car ils sont toujours les mêmes en mon âme :

« Maintenant je suis Reine... l'Épouse du Grand Roi... Oh! bonheur ineffable !...

« Mon Époux se nomme Jésus. Et moi... Thérèse de Jésus. Mon trésor et ma richesse se trouvent dans la pauvreté de Jésus. Mon sceptre et ma puissance, dans l'obéissance que j'ai promise à Jésus. Mes plus pures voluptés et mes plus chères délices, dans la chasteté que j'ai vouée à Jésus. J'ai pour demeure le palais qu'habite mon Jésus. Pour cellule, le Sacré-Cœur de mon Jésus. Pour lit nuptial, l'aimable Croix de mon Jésus. Pour diadème et pour couronne, la pensée toujours présente des douleurs de mon Jésus. Pour joyaux et pour bijoux, les clous et les épines de Jésus. Ma plus noble élévation se trouve dans les humiliations de Jésus. Ma seule ambition, c'est de ne plaire qu'à Jésus. Mon unique occupation, de chanter les louanges de Jésus. Ma plus douce récréation, de parler au bien-aimé Jésus. Mon plus ardent désir, de voir aimer Jésus. Ma seule envie, de ressembler à mon Jésus. Mon plaisir, de souffrir pour Jésus. Mon bonheur, de recevoir souvent mon aimable Jésus. Je trouve mon repos auprès du tabernacle où réside Jésus. Je n'aspire qu'à la gloire d'être oubliée dans le Cœur de Jésus. Je ne soupire qu'après le bonheur de voir au Ciel Jésus. Qu'en tout, partout et toujours je ne voie que Jésus. Oh ! quand viendra le jour où, vaincue par l'amour, je pourrai dire enfin : « Je suis tout à Jésus ! »

« Qu'il m'est doux de redire souvent : Vive, vive Jésus !

« Dans la joie comme dans la tristesse, vive, vive Jésus !

« Dans la douleur et l'amertume du cœur, aussi bien que dans les plus douces jouissances, vive, vive Jésus !

« Je n'ai de plaisir qu'en accomplissant la volonté de Jésus.

« Amen ! amen ! amen ! »

Peu de jours après, j'écrivis sur la même page les lignes suivantes, qui montrent un peu dans quel état se trouvait alors mon âme :

« Pourquoi es-tu triste, ô mon âme ? et pourquoi me troubles-tu ? Espère, espère en ton Dieu, parce qu'Il est bon et que sa miséricorde est éternelle !

« Oui, mon âme, pense souvent à la miséricorde et à la bonté infinie de ton divin Sauveur, et ne me troubles pas... La langueur que tu me causes est mortelle... Prends donc courage, ma pauvre âme, résigne-toi à porter en paix l'exil affreux que te cause l'absence de ton Bien-Aimé. Il est bien dur, je le sens, de se voir si éloignée de Celui que l'on aime, de ne pas sentir et goûter sa divine présence... d'être toujours dans la crainte de lui déplaire... de se sentir parfois comme repoussée de son Cœur... O martyre cruel !... Mais courage, ma pauvre âme, courage; ne t'attristes pas trop, espère en ton bien-Aimé... Un jour tu le verras... Je ne puis plus soutenir la tristesse que tu me causes... La mort me serait mille fois plus douce... Résigne-toi donc, ô mon âme! à porter cette peine autant que le Bien-Aimé le voudra, pour lui plaire et pour accomplir sa sainte et aimable volonté. Consens volontiers à ne jamais sentir aucune consolation ici-bas... que ton plaisir ne se trouve que dans la souffrance et la privation de tout... Amen. »

Bientôt après ma profession, je compris en effet que Jésus avait exaucé ma demande; ou plutôt je me trompe, non je ne le compris pas... J'aurais été trop heureuse, si j'avais pu croire que tout ce que j'éprouvais fût une souffrance; aussi Jésus ne le permit pas... Il me fit sentir seulement d'une manière plus sensible que jamais la crainte si terrible de lui déplaire.

Je me trouvai dans des aridités très pénibles. Tout ce que j'entendais, soit dans les lectures pieuses, soit dans les instructions, semblait condamner ma conduite et m'affermissait dans la pensée qu'il n'y avait pour moi plus d'espoir de salut...

Je me trouvai aussi livrée à tous mes mauvais penchants d'orgueil, d'amour-propre, de vanité, etc. J'étais désolée de me voir si mauvaise après avoir reçu la grande grâce de ma profession... alors que j'aurais dû être meilleure...

Elle énumère les diverses tentations qu'elle eut à subir, et continue ainsi :

Elles ne laissaient pas que de me fatiguer beaucoup, quoique, avec la grâce de Dieu, je ne m'y sois jamais arrêté... Je sentais bien que c'était Jésus qui soutenait ainsi mon âme, qui, d'elle-même, se serait laissée aller à toutes sortes de misères.

Quelquefois, j'étais tentée de manquer de fidélité à la grâce qui me pressait intérieurement de me mortifier en toutes choses. Depuis que j'étais dans la communauté, on ne m'avait pas encore permis toutes les pénitences de règle, à cause de ma faible santé, et j'avais jusqu'alors cherché à me dédommager de cette privation par de petites mortifications continuelles... Mais à l'époque dont je parle, il me venait souvent à l'esprit qu'il m'en coûtait trop de me contraindre ainsi; qu'il était trop pénible de se mortifier sans cesse; que ce ne serait pas un grand mal de me donner quelque relâche en des occasions de peu d'importance... J'étais sur le point de succomber à cette tentation...

Mais aussitôt j'entendais une voix, au fond de mon cœur, qui me disait : « Si tu laisses passer « cette petite occasion de te mortifier, ce ne sera « pas, il est vrai, un grand mal... Mais ne sera-ce « rien pour toi, lorsque, après t'être satisfaite, tu « comprendras que tu as fait de la peine au doux

« Cœur de Jésus ?... » Et déjà je croyais éprouver ce remords qui me paraissait mille fois plus pénible à supporter que toutes les mortifications... A cette pensée rien ne me coûtait, ou plutôt, je me trompe, la répugnance demeurait, mais Jésus, par sa grâce, m'en faisait triompher.

Notre Maîtresse vint à savoir que je ne buvais pas de vin à cause du dégoût extrême que j'en ai toujours eu. Elle exigea que j'en prisse à tous les repas.

Je me soumis à cette pénitence, qui me fut très pénible, car j'aurais mieux aimé endurer la soif. Souvent, en effet, j'avais la tentation de prendre mes repas sans boire, mais j'aurais craint de manquer à l'obéissance.

J'accomplis donc cette pénitence sans y manquer, pendant deux ou trois mois, jusqu'à ce que notre Mère Maîtresse voulût bien me dispenser de cette grande mortification.

Elle fait ici le récit de diverses épreuves qu'elle eut à subir de la part de la Maîtresse des Novices et d'un accroissement de ses peines intérieures.

Au milieu de toutes ces souffrances, mes journées passaient bien péniblement ! Je croyais Jésus si loin de moi... Son absence me causait un ennui mortel... Plus je l'appelais, plus je le désirais, plus Il semblait s'éloigner. En allant et venant dans la communauté, et lorsque j'étais seule, je laissais échapper de mon cœur les accents de ma douleur... Je lui disais avec larmes : O mon Bien-Aimé ! pourquoi me fuyez-vous ainsi?... Je vous cherche sans cesse, et ne puis vous trouver... Je vais partout, et je trouve toujours ce que je ne veux pas, ce que je n'aime pas... Et vous, mon Dieu ! mon unique amour ! qui êtes le seul objet que mon âme désire, je ne vous trouve pas !... Où donc êtes-vous, tendre Maître, ô mon bien-aimé Jésus !

. . . .

Lorsque je pense à ces diverses peines, je me sens émue d'une profonde reconnaissance envers Dieu, car sans Lui je n'aurais pu y tenir un seul jour sans succomber sous un tel accablement d'esprit, de cœur et même de corps... Le doux Jésus me soutenait admirablement, quoique d'une manière bien invisible, tantôt en me rappelant les grâces si particulières qu'Il m'avait faites pendant mon postulat... et ce qu'Il m'avait dit alors : *Que j'aurais besoin de me rappeler ces grâces au temps de l'épreuve, afin de m'abandonner à son bon plaisir et de demeurer ferme dans le combat.* Tantôt en me montrant la vérité de ce qu'Il m'avait promis, savoir : que je marcherais dans un chemin rempli d'épines et de ronces... qu'Il y serait avec moi, mais que je pourrais le voir, etc.

. . . .

Le 21 novembre 1856, à la suite des élections qui se firent ce jour-là, on nous donna pour nouvelle Maîtresse du noviciat la bonne Mère Saint-B..., qui avait été Mère Vicaire [1].

Je ne sais comment je suis faite, mais ces changements m'ont toujours brisé le cœur. Je sentis vivement combien je m'étais attachée à la bonne Mère ***. Ce fut pour moi une peine extrême; je pleurai beaucoup, car je l'aimais d'autant plus, ce me semble, qu'elle avait eu plus de soin de me faire pratiquer le renoncement, vertu pour laquelle Dieu m'a toujours donné un attrait particulier, quoique j'y aie si mal répondu.

. . . .

On omet ici le récit de diverses épreuves qu'elle eut encore à subir. Elle continue ainsi :

..... Un jour, il m'arriva que, pendant un de ces moments de recueillement qui sont si délicieux,

---

1. Les religieuses de Sainte-Claire restent au noviciat cinq ans après leur profession. La Mère Saint-B..., que j'ai beaucoup connue, n'était pas tout à fait à la hauteur de sa mission. Puis, à son insu, elle subissait trop l'influence de l'ancienne Maîtresse et des préjugés qu'elle avait répandus contre la Mère Sainte-Thérèse.

Mais elle céda bientôt à l'influence de ses hautes vertus et lui devint très affectionnée. Pendant plus de douze ans, j'ai eu l'occasion de la voir très souvent, — elle a été Mère Vicaire jusqu'à sa mort; — elle m'a toujours témoigné la plus grande admiration pour les héroïques vertus et la grande sainteté de la Révérende Mère Sainte-Thérèse de Jésus.

je fus frappée par la beauté d'une âme!... Jésus m'avait donné cette même vue dans une autre circonstance, comme je l'ai déjà dit.

Je vis, en effet, cette âme exactement comme la première fois, c'est-à-dire sans aucune forme distincte, mais d'une beauté ravissante, d'une pureté et d'une blancheur à laquelle rien, absolument rien sur la terre, ne peut être comparé... Avec cette différence néanmoins que, cette fois, cette âme me paraissait mille fois plus belle encore, à cause d'une multitude de pierres très précieuses dont je la voyais ornée.

Ces pierres, qui me paraissaient toutes plus belles et plus brillantes les unes que les autres, étaient placées avec une symétrie et un art admirable, et formaient un ensemble parfait. Chacune de ces perles précieuses brillait d'un éclat particulier.

Dans le centre, j'en apercevais une que je distinguais à peine, tant elle était cachée, et pourtant les rayons qui s'en échappaient étaient si éblouissants qu'ils se répandaient partout et augmentaient de beaucoup l'éclat de chacune des autres pierres déjà si belles !...

J'étais éblouie par cette beauté incomparable; ma vue ne pouvait se détacher de cette ravissante perle, que j'aurais voulu pouvoir contempler et distinguer aussi facilement que les autres ; mais cela ne m'était pas possible, car elle était presque entièrement cachée... J'étais ravie sans bien comprendre ce que je voyais... Alors, Jésus daigna

éclairer mon âme; je compris, d'une manière qu'il m'est impossible d'exprimer, combien une âme pure et innocente est agréable au Seigneur, surtout lorsqu'elle s'efforce d'augmenter cette première beauté par la pratique généreuse des vertus, qui, comme autant de perles précieuses, la rendent infiniment plus belle aux yeux du divin Sauveur !

Celle que je voyais dans le centre, et presque entièrement cachée, me fut montrée comme la vertu d'humilité, qui, quoique moins visible que les autres vertus, est cependant beaucoup plus belle, plus brillante et leur communique son éclat.

Je me sens trop impuissante à redire tout ce que j'éprouvai de délicieux en mon âme à cette vue. Oh ! combien furent vives les lumières que Jésus me donna sur chacune des vertus, signifiées par les perles précieuses, mais spécialement sur la vertu de charité et sur la vertu d'humilité !... De ma vie, je ne pourrai l'oublier...

Dès lors, je m'affectionnai plus sincèrement à ces chères vertus. Je les demandais à Dieu avec plus d'instance et je ne désirais que l'occasion de les pratiquer. Je me souviens que je pris l'habitude de redire sans cesse cette prière si simple et si expressive de notre bienheureux Père Massé, l'un des premiers compagnons de notre séraphique Père saint François : *Mon Dieu, donnez-moi l'humilité, et je vous donnerai mes deux yeux.*

J'aurais voulu que tout le monde me méprisât comme je sentais que je le méritais. Je me plaignais à Jésus de ce qu'Il n'exauçait pas mon désir et ne m'envoyait pas l'humiliation, seul moyen de pratiquer l'humilité... Il me semblait chaque fois entendre ce divin Maître me dire que mon désir lui était agréable... qu'Il voulait que je sois bien humble, de cœur surtout... qu'Il m'enverrait de temps à autre quelques petites occasions d'être humiliée de la part des créatures... Je devais les recevoir et en profiter avec joie, mais que ce n'était pas là la voie par laquelle Il voulait me faire marcher, et de me contenter de le laisser faire... Il me répétait que ce ne devait pas être une raison pour ne pas pratiquer cette vertu autant qu'il me serait possible... que je devais toujours me tenir dans les plus bas sentiments de moi-même, voyant bien que je ne suis de mon fond que néant et péché... Oh ! oui, je vois cela bien clairement, et c'est à Jésus que je dois encore cette grâce, car de moi-même je n'aurais jamais su le comprendre.

Qu'il est bon, ce tendre Sauveur, d'avoir usé de tant de miséricorde à mon égard et de m'avoir fait aimer ce qui répugnait tant à ma nature !

Pendant les trois années que je passai sous la conduite de la bonne Mère Saint-B....., mon état d'âme resta à peu près le même.

La dernière année de mon noviciat se passa assez péniblement ; je tombai malade le 21 novembre 1858. Le danger ne dura pas, mais la convalescence fut très longue ; je ne descendis de l'infirmerie qu'au mois de mars de l'année suivante.

Pendant ce temps de maladie, mes peines intérieures, quoique toujours les mêmes, furent bien adoucies par le bonheur que j'éprouvais de souffrir un peu pour mon Jésus. Dans toutes les privations que j'eus à endurer, surtout celle de la sainte communion, qu'on ne permettait alors aux malades que très rarement, je me consolais en redisant sans cesse cette devise que j'aime tant : *Mieux vaut, pour moi, souffrir pour Jésus que jouir de Jésus !...*

Je n'avais pas grand mérite en cela. Ce doux Sauveur me découvrait, avec une extrême bonté, tout ce qu'il y a de vrai bonheur, de mérite réel dans les souffrances supportées pour son amour et en union avec Lui ; je ne pouvais, ce me semble, ne pas les désirer. Pendant les moments où je me trouvais seule à l'infirmerie, mon doux Jésus m'entretenait intérieurement et éclairait mon âme sur le néant des choses de la terre et de tout ce qui passe avec le temps, sur la grandeur des biens éternels, sur le mérite de la vertu, etc. Je n'oublierai jamais l'impression que j'en éprouvai ; je me sentis toute renouvelée. Je promis à Jésus que, puisqu'Il n'avait pas voulu le sacrifice de ma vie, que de grand cœur je lui aurais fait alors, je lui en consacrais de nouveau tous les instants pour sa plus grande gloire et pour accomplir sa très sainte volonté, ne voulant plus vivre qu'en Lui seul et pour Lui seul !

A cette même époque, Jésus me fit sentir bien vivement l'immense tendresse de son amour pour les hommes, le désir qu'Il a d'en être aimé, l'ingratitude qu'Il en reçoit.....

Ces pensées faisaient une telle impression sur mon esprit et sur mon cœur, que, parfois, si Jésus ne m'avait soutenue, je n'aurais pu supporter une telle douleur. Je pleurais à chaudes larmes et lui demandais sans cesse grâce et miséricorde pour les pauvres pécheurs. Je le remerciais de son tendre amour; je le suppliais de se faire mieux connaître, afin qu'on l'aimât davantage. J'aurais voulu avoir le cœur de tous les hommes pour les lui offrir. Je ne pouvais comprendre, comme je l'ai déjà dit, que l'on pût vivre un seul instant sans Jésus! J'aurais donné mon sang et ma vie pour obtenir cet amour à tant d'âmes qui n'aiment pas!

Et mon pauvre cœur se brisait de douleur en voyant que moi-même je savais si peu et si mal répondre à tant d'amour de la part de mon divin Époux!... Je me sentais brûler intérieurement d'un ardent désir de l'aimer davantage, de lui plaire en toute chose, d'accomplir sa très sainte volonté. Et, avec cela je me trouvais dans une impuissance impossible à rendre.

Il me semblait, en même temps, que Jésus demandait de moi quelque chose que je ne comprenais pas. Cette pensée me poursuivait sans cesse; elle finit par me devenir importune. Impossible de dire le tourment qu'elle me causait, par le désir que j'avais d'accomplir cette divine volonté, si je l'avais connue. Notre bonne Mère Saint-B... me disait, lorsque je lui faisais part de cette peine, de demeurer abandonnée, que Dieu ne manquerait pas de me faire connaître sa volonté lorsque le moment serait venu ; de me tenir, en attendant, dans la disposition de m'y soumettre entièrement. Je le faisais de mon mieux....; de grand cœur, je m'abandonne tout entière au bon plaisir de Jésus.

Je croyais alors entendre sa douce voix me dire, avec un accent qui me pénétrait jusqu'au plus intime de l'âme : *Ma fille, laisse-moi faire...* Cela m'arrivait assez souvent ; une fois surtout, en me rendant au chœur pour un exercice, j'offrais à Dieu mon désir de connaître sa volonté pour m'y conformer sans réserve ; lorsque je fus près de l'avant-chœur, je regardai l'effigie du Père éternel qui se trouve placée au-dessus de la porte d'entrée. Je le priai de me bénir, comme j'ai toujours eu l'habitude de le faire toutes les fois que j'entre au chœur. Il me sembla alors que ces paroles que je viens d'écrire plus haut : *Ma fille, laisse-moi faire*, m'étaient adressées par Dieu le Père. Je fus saisie immédiatement par un recueillement profond et par un sentiment d'une douceur et d'une suavité ineffables ; mon cœur semblait se fondre, et mon âme, éclairée par une lumière divine, s'abandonna et se perdit tout entière dans l'adorable volonté de mon Dieu.

Les paroles sont trop impuissantes et trop faibles

pour pouvoir exprimer ce que je compris alors de la sublime volonté de Dieu, et combien il est juste que l'âme s'y soumette par un acquiescement parfait.....

Ah! que j'aime depuis cette suradorable Volonté, et que je voudrais pouvoir faire passer dans le cœur de tous les hommes ce que le mien éprouve de délicieux à cet effet [1].

1. Très souvent, la Révérende Mère a été favorisée par des paroles qui retentissaient au plus intime de son âme. Presque toujours ces paroles réunissaient tous les caractères qui permettent d'affirmer qu'elles viennent directement de Dieu, et ne sont pas formées par l'âme elle-même. Sainte Thérèse (lisez le chapitre XXV de sa *Vie*) a admirablement précisé ces caractères. Plusieurs fois j'ai interrogé la Mère sur ce qu'elle avait éprouvé dans ces situations; elle me répondait en exprimant sur ce point la doctrine de la grande réformatrice du Carmel, qu'elle n'avait jamais lue. Ces paroles étaient de celles que saint Jean de la Croix nomme avec une si grande exactitude : *Paroles substantielles.* (Voir *Montée du Carmel,* liv. II, ch. XXX.)

CHAPITRE V

31 Juillet 1858. — Fin 1866.

Le 31 juillet 1859 se terminèrent mes cinq années de noviciat. J'éprouvai beaucoup de peine en voyant que j'avais si peu profité de cet heureux temps !

A cette époque, on commençait à s'occuper des

élections; elles devaient avoir lieu au mois de novembre suivant. Devant y assister et y prendre part pour la première fois, j'en éprouvais un peu d'inquiétude. J'aurais voulu avoir à obéir à quelqu'un qui m'exerçât beaucoup et me fît bien souffrir... Quoique ce désir ne vînt pas de moi, Jésus, qui en était seul l'auteur, daigna cependant le récompenser en faisant couler dans mon âme une abondance de paix, de joie, de calme inexprimables; toutes mes peines avaient disparu. Je me trouvais dans un état si délicieux et si doux que j'en étais tout étonnée; j'avais de la peine à me reconnaître moi-même.

La plus grande grâce que Jésus m'accorda fut de placer mon cœur dans la réelle disposition d'obéir avec autant de respect, de joie et de soumission à la dernière des novices qu'à la personne la plus élevée en dignité et en mérite... Oh! que de paix cette disposition apporte à l'âme!... Je ne pouvais me lasser d'en remercier Jésus...

Dans cet heureux état, je voyais arriver les élections sans aucune inquiétude; j'étais si loin de penser et de prévoir ce qui m'attendait!... Peu de jours avant, M. l'abbé Rampon, notre digne aumônier, me demanda, après la confession, si je n'avais aucune difficulté à lui soumettre au sujet des élections. Je lui répondis que non, que j'étais fort tranquille, que je ne m'en préoccupais pas... Il me dit alors que c'était bien, mais qu'il voulait que je lui promette de ne pas faire la moindre résistance dans le cas où l'on me chargerait de quelque emploi. Je ne pus m'empêcher de sourire. Je lui répondis qu'il n'avait pas besoin de se mettre en peine; que personne assurément ne penserait à moi pour rien, puisque j'étais encore malade et que je ne pouvais même remplir les fonctions de maîtresse de chœur et de seconde sacristine que l'on m'avait confiées depuis près de trois ans.

En effet, ma santé était si languissante que je ne suivais presque aucun exercice de communauté. Mes forces ne revenaient pas; souvent, au contraire, elles semblaient m'abandonner, et j'avais réellement, je puis le dire, le doux espoir de mourir bientôt.

Malgré tout ce que je pus dire à M. l'Aumônier, il insista et me dit qu'il ne me laisserait pas sortir du confessionnal sans que je lui aie promis ce qu'il me demandait. Je le fis sans plus de difficulté, uniquement pour lui faire plaisir. J'y ajoutai si peu d'importance, qu'aussitôt après l'avoir quitté je n'y pensai plus.

Le jour des élections arriva; c'était le 21 novembre de l'année 1859. Avant la sainte Messe, pendant le petit moment libre que nous avons, je me sentis pressée d'aller encore une fois me mettre sous la protection de notre séraphique Père saint François.

Il m'arriva une chose assez singulière. Je me rendis donc à sa chapelle, au fond des cloîtres. Là, à genoux sur la marche de l'autel, je le priai très instamment de m'obtenir de Dieu la grâce de bien connaître sa volonté, et de n'agir que selon l'inspiration du Saint-Esprit, dans une affaire aussi grave. Comme je terminais ma courte prière, j'entendis sonner le dernier de la Messe. Je me levai promptement pour m'y rendre. A peine étais-je debout que je fus saisie tout à coup en entendant une voix intérieure qui me dit : *Va, et sois bien fidèle à faire observer ma loi!* Instinctivement, je retombai à genoux. J'aurais voulu comprendre ce que voulaient dire ces paroles, qui me semblaient venir de notre séraphique Père saint François; mais je n'osai m'arrêter plus longtemps; la Messe était déjà sonnée; je m'y rendis en toute hâte. Pendant le saint Sacrifice, il ne me fut pas possible d'y réfléchir, malgré le désir que j'en avais; j'étais toute préoccupée de demander à Jésus de m'éclairer et de ne pas permettre que je me trompe dans le choix que j'avais à faire. Il me tardait de recevoir ce bon Maître, j'espérais qu'après la sainte communion Il me le ferait connaître. Dès qu'Il fut dans mon cœur, je m'empressai, en effet, de lui demander cette grâce. Mais, tout à coup, tout s'effaça de mon esprit, je ne pensai plus à rien. Je crus voir mon aimable Jésus sous la forme d'une très belle hostie placée dans un ostensoir d'une admirable beauté. Les rayons qui s'en échappaient éblouissaient ma vue. Je le voyais également sur l'autel et dans mon cœur, je ne sais de quelle manière. Le doux Sauveur m'imprima en ce moment un plus ardent désir de l'aimer dans le divin sacrement de l'autel, et me dit qu'Il y serait toujours pour moi comme l'ami le plus tendre... que dans toutes les peines et les difficultés que je rencontrerais, je devais recourir à Lui dans ce Très Saint Sacrement... qu'Il y serait ma lumière, ma force et mon soutien... et autres choses semblables, mais si suaves que les paroles ne peuvent l'exprimer. Oh! non, ce n'est pas possible! mon cœur en est profondément ému toutes les fois que j'y pense.

Voilà comment le bon Jésus semblait vouloir me préparer d'avance à l'épreuve à laquelle Il allait me soumettre, et pourtant je n'y comprenais rien encore ; cette pensée était si loin de mon esprit.

Immédiatement après le saint Sacrifice de la Messe, le bon M. Amans, curé de Saint-Alain, notre Supérieur local, étant présent avec M. Rampon, notre aumônier, on procéda aux élections.

Le premier billet que l'on dépouilla portait mon nom... Cela me surprit d'abord, je pensai que quelque Sœur s'était trompée ; mais entendant le même nom se répéter si souvent, je crus alors que c'était moi qui me trompais, et que le nom que j'entendais n'était pas le mien. Aussi, je ne fus point impressionnée à ce moment-là. Je ne sais ce qui se passa en moi, mais je n'avais nulle conscience de ce qui se faisait. J'étais à genoux à ma place, toute recueillie, pendant le dépouillement des billets. Je me souviens qu'une Sœur vint me faire asseoir, et me dit : « Ma pauvre Sœur, je crois qu'on veut achever de vous faire mourir ». Je fus tout étonnée. Je ne comprenais pas pourquoi elle me parlait ainsi; je ne pus même y réfléchir, j'étais dans un calme profond...

Les élections se continuèrent jusqu'à la fin, et je n'avais encore rien compris. Ce ne fut que lorsque, tout étant terminé, notre bonne Mère Sainte-Agnès vint me faire sortir de ma place, pour me revêtir du manteau et me conduire au milieu du chœur, devant la grille, où M. le curé Amans voulut bien m'adresser quelques paroles appropriées à la circonstance. Je compris alors ce qu'on allait faire de moi ! Je me souvins tout à coup de ce que j'avais éprouvé intérieurement et de ce que m'avait dit M. l'Aumônier quelques jours auparavant; aussi je n'osai faire la moindre résistance...

Je me jetai à genoux en pleurant, le cœur saisi d'une telle angoisse que j'aurais succombé sans une assistance toute particulière de la part de Dieu. J'étais écrasée sous le poids d'une si lourde croix, imposée à ma faiblesse et que je n'avais pu prévoir.

Il me fut montré en esprit, comme dans un tableau, tout ce que j'aurais à souffrir dans cette charge d'Abbesse et toutes les peines dont elle serait pour moi la source...

Cette vue me fit revenir à moi; aussitôt, je pris le crucifix, je l'embrassai tendrement, et, le pressant sur mon cœur, je m'abandonnai et me dévouai tout entière à sa volonté sainte, acceptant avec résignation cette lourde croix que je prévoyais m'être si pénible.

Cependant, je pleurai beaucoup pendant que chaque Sœur vint me baiser la main, comme c'est l'usage en pareille circonstance ; on ne pourrait jamais se faire une idée de tout ce que j'éprouvai alors de pénible...

Après que toutes ces cérémonies furent terminées et que la communauté se fut retirée du chœur, j'y demeurai encore. Je renouvelai à Jésus le sacrifice de moi-même pour lui prouver mon amour ! je sentais que désormais je ne m'appartenais plus !... J'aurais voulu demeurer toujours là ; il m'en coûtait extrêmement de sortir du chœur, j'avais honte de me montrer... Je me sentis humiliée à la pensée que toutes les personnes qui connaîtraient le résultat des élections seraient bien étonnées de ce qu'on avait mis à la tête de la Communauté la plus indigne par son peu de vertu, comme la plus incapable par sa grande ignorance... Voilà jusqu'où allaient mon orgueil et mon amour-propre. Je trouvais que c'était pour moi la plus grande humiliation qui pût m'arriver...

J'étais dans ces sentiments lorsqu'on vint me faire sortir du chœur pour aller au parloir, où M. le curé Amans était passé pour me voir. Je m'y rendis accompagnée de la bonne Mère Sainte-Agnès. J'étais encore bien émue. M. Amans fut excessivement bon ; il m'encouragea beaucoup, et me

lit qu'il avait été très impressionné de mes larmes
st de l'expression avec laquelle j'avais pris et baisé
mon crucifix !... que je lui avais fait compassion.

Je ne puis dire tout ce que j'éprouvai pendant
sette journée ; de ma vie, je n'en avais passé de si
pénible ! Je me sentis toute confuse lorsque notre
bonne Mère Sainte-Agnès me dit qu'elle allait écrire
à M. Bouange pour lui faire connaître le résultat
des élections. Je pensais qu'il me connaissait assez
pour trouver bien étrange qu'on eût pu faire un
pareil choix !...

**Elle fait ici le récit de ce qui se passa
pendant les trois ans de sa supériorité.
Elle y exerça une action puissante dans la
communauté et prépara le bien qu'elle a
continué plus tard.**

Je ressentis bientôt les difficultés et les ennuis
de ma nouvelle charge, qui se joignirent aux souffrances intimes qui déchiraient mon âme.

J'étais persuadée que, loin de faire le moindre
bien aux âmes comme je l'aurais tant désiré, je
n'étais propre qu'à mettre obstacle à leur perfection. C'était pour moi une peine si amère qu'il me
semblait impossible de pouvoir la supporter pendant trois ans !... Je me réfugiais alors dans le très
doux Cœur de Jésus, j'allais passer tous mes petits
moments libres auprès du saint tabernacle. Et là,

je dois le dire, je trouvais une nouvelle souffrance... malgré mon humiliation, mes larmes, mes
soupirs et mes prières, Jésus semblait ne pas vouloir m'écouter, souvent même Il paraissait me
repousser. Je ne dirai pas ma désolation ! Elle ne
pouvait être plus grande... Cependant je ne laissais
pas de continuer ma prière; je m'humiliais davantage et lui disais tout naïvement : « A qui donc
voulez-vous que j'aille, mon doux Jésus, pour être
soulagée de mes peines, si ce n'est à vous que j'aime
uniquement ?... Vos rebuts, si pénibles qu'ils
soient, ne me lasseront pas; je les mérite, je le
sais... mais rien, rien, absolument rien, ne pourra
me séparer de vous ni de votre amour !...

.   .   .   .

La dernière année de ma triennalité me fut
extrêmement pénible, non pas tant à cause de
mes souffrances intimes, qui étaient toujours les
mêmes, mais bien parce que je me voyais dans
l'impossibilité de faire aucun bien à ces âmes qui
m'étaient si chères !... La crainte de mettre obstacle à leur perfection me faisait gémir et désirer
d'être déchargée de ma si lourde croix avant le
temps voulu... Plusieurs fois, lorsque j'avais eu
l'occasion de voir M. Vergue, notre digne supérieur, je lui avais demandé d'accepter ma déposi-
tion; mais, loin de m'écouter, il ne me répondait
même pas... Ce désir augmentait encore plus toutes les fois que notre digne Archevêque venait à
Lavaur. J'espérais alors que pour le bien de la

communauté Dieu lui ferait connaître mon indignité si grande, et qu'en présence de toutes les Sœurs réunies Sa Grandeur voudrait bien me déposer. Je me plaisais à entretenir ces pensées... Il me semblait que cette humiliation aurait soulagé mon cœur et satisfait mon âme!... A tel point que pendant que Monseigneur nous parlait, j'avais la pensée de me jeter à genoux au milieu de la salle de communauté pour supplier Sa Grandeur d'exaucer ma demande... Mais chaque fois mon cœur battait si fort, mon excessive timidité me paralysait si bien que je ne pouvais bouger... Oh! que j'ai souffert, mon Dieu! Je ne puis l'exprimer.

. . . .

Je ne pus tenir à un tel état; mon corps s'en ressentit et je finis par tomber malade.

Ce fut le 13 août 1862, le lendemain de la fête de notre glorieuse Mère sainte Claire, que je montai à l'infirmerie. Je me trouvai heureuse de passer là les derniers mois de ma triennalité en souffrant avec mon Jésus... Je me souviens avec bonheur des délicieux instants que je passais à contempler un tableau qui représentait l'*Ecce Homo*... Lorsque mes douleurs étaient plus vives, je ne les sentais pas, ou plutôt, en les sentant vivement, je n'aurais pas voulu, pour tout au monde, être privée d'un si grand bien!...

C'est à cette époque que je commençai à éprouver les atteintes de la terrible maladie de l'asthme à laquelle je suis sujette depuis. Ces premières crises furent on ne peut plus pénibles ; je passais des semaines entières sans trouver un instant de soulagement ni le jour ni la nuit. On employa, pour me guérir, des remèdes très violents, qui, loin de me soulager, m'occasionnèrent de nouvelles souffrances. Je croyais bien mourir alors, mais je n'avais pas encore assez souffert... Le médecin me dit que l'asthme était une maladie très pénible, qui se renouvellerait souvent et longtemps. Nos bonnes Sœurs en furent attristées, et moi j'en éprouvai une vraie joie... on m'assurait une si bonne fortune pour toute ma vie !...

Il arriva enfin ce jour où j'allais être déchargée ! C'était le 21 novembre 1862. Pendant la sainte Messe et tout le temps qu'on procéda à l'élection, je priais instamment le Seigneur d'avoir pitié de ma faiblesse extrême et de me délivrer de ma lourde croix. Je craignis un instant de n'être point exaucée ; mais bientôt je fus rassurée : notre bien-aimée Mère Sainte-Agnès était nommée abbesse.

Oh ! comment dire ici les transports de joie que j'éprouvai ! Je n'ai point d'expression qui puisse me servir. Il se passa alors dans mon âme quelque chose de si doux, de si délicieux que je n'ai jamais pu m'en rendre compte... Ce fut comme un rayon de lumière, un reflet du ciel qui dissipa en un instant toute tristesse, tout ennui, toute peine, toute douleur, même corporelle ; de telle sorte que, depuis ce moment, je me trouvai si bien guérie que je pus reprendre immédiatement tous les exercices de communauté, le saint office même dont j'étais privée depuis longtemps.

Toutes nos bonnes Sœurs en étaient étonnées et me disaient souvent : « Nous avons bien trouvé le moyen de vous rendre la santé et la joie ». Oui, vraiment, elle ne pouvait être plus vive ni mieux sentie, cette joie d'être enfin déchargée du lourd fardeau du commandement et rentrée sous le joug si doux et si aimable de l'obéissance.

J'aurais bien désiré redevenir simple religieuse et reprendre ma place au dernier rang ; mais je dus me soumettre à la volonté de Dieu en acceptant la charge de Mère Vicaire. Ce jour fut pour moi une époque de renouvellement entier.

Tout, alors, sembla changer de face ; non seulement je retrouvai, comme je l'ai dit, la santé du corps, mais encore celle de l'âme. Toutes mes peines s'évanouirent en un instant et furent remplacées par un torrent de grâces et de consolations spirituelles. J'étais au comble du bonheur ; tout me portait à la joie, car mon âme était remplie d'un fleuve de paix et de bonheur impossible à dépeindre... Jésus me donnait le sentiment de sa présence sensible d'une manière ineffable... Jusque-là j'avais tant souffert de privations, d'obscurités intérieures, de la crainte surtout de déplaire à Jésus et de ne pas l'aimer... Mais alors je sentais réellement que je l'aimais et que j'en étais aimée !... Ce sentiment si intime et si doux me faisait éprouver ce qu'il est bien impossible d'exprimer par des paroles.

Je voyais partout cet aimable Sauveur, non des yeux du corps, mais d'une façon mille fois plus délicieuse encore que si je l'eusse vu réellement. Mon âme éprouvait des consolations si grandes qu'il me fallait prier Jésus de tempérer un peu l'ardeur qui me dévorait, sans quoi je n'aurais pu la supporter sans mourir...

J'étais souvent comme hors de moi. Je me surprenais à répéter ces paroles du saint Prophète : *Mon cœur et ma chair ont tressailli dans le Dieu vivant.* Oh ! combien je sentais la réalité de ces paroles ! J'éprouvais un tressaillement de joie et de bonheur dans tout mon être, si grand que j'avais de la peine à me contenir pour ne pas éclater en transports ; souvent je croyais être déjà au ciel... En allant d'un endroit à un autre dans la communauté, il me semblait que mes pieds ne touchaient pas la terre ; je me sentais soulevée par une force invisible qui me ravissait de bonheur. Je ne pourrai jamais dire tout ce qui se passa alors dans ma pauvre âme, tout étonnée de ces choses que je n'avais jamais éprouvées.

C'était surtout pendant nos saints exercices que Jésus se montrait libéral envers sa pauvre épouse. Oh ! comment pourrais-je trouver des expressions pour dire toutes les grâces que je reçus alors ? Je sens toute mon impuissance, et je ne pourrai le faire que bien imparfaitement.

Pendant le temps de l'oraison, je me trouvais, sans efforts, profondément recueillie. Jésus ne m'avait point quittée, il m'était facile de le trouver tout disposé à m'écouter. Ce tendre Maître éclairait mon âme par des lumières bien vives sur la pratique des vertus; Il me les montrait en sa Personne adorable, et me faisait comprendre de quelle manière Il les avait pratiquées pour notre instruction. Il me découvrait les sentiments de son Ame très sainte et l'amour immense dont son divin Cœur est embrasé pour le salut des hommes; ce qu'Il souffre ou plutôt ce qu'Il éprouve encore dans le saint tabernacle, etc. Que de vives et délicieuses émotions j'éprouvais alors! que de douces larmes je répandais aux pieds de mon bien-aimé Jésus! que de désirs de ne vivre que pour lui, de me sacrifier entièrement pour sa gloire et le salut des âmes. Oh! non, jamais je ne pourrai oublier tout ce que Jésus me fit comprendre à cette époque, surtout après la sainte communion...

Toutes les fois que j'avais le bonheur de participer au divin sacrement de l'autel, Jésus daignait me faire de nouvelles faveurs. Plus je m'abaissais à ses pieds sacrés, me trouvant trop heureuse qu'Il voulût bien m'y supporter, plus ce divin Sauveur me comblait de douces et délicieuses caresses. Il me pressait tendrement entre ses bras, m'étreignait sur son adorable Cœur, me faisait sentir d'une manière que je ne puis rendre la grandeur et la véhémence de son amour pour les hommes... combien Il désire en être aimé et ce qu'Il souffre de leur ingratitude!...

Une fois, entre autres, pendant un de ces moments d'ineffable bonheur, Jésus me permit de baiser avec amour la plaie sacrée de son très doux Cœur!... Oh! comment rendre par des paroles ce qui se passa alors dans mon âme? Je ne le puis, car ce fut un instant de si douce ivresse, que je ne pus m'en rendre compte. L'impression, cependant, fut si forte que, si elle eût duré plus longtemps, je n'aurais pu la supporter sans mourir. Mon émotion est encore bien vive chaque fois que ce doux souvenir revient à mon esprit.

Toutes ces bontés et ces tendresses de la part de mon Jésus excitèrent dans mon cœur un si violent désir de l'aimer et de me sacrifier pour Lui, qu'il me semblait qu'il n'y avait pas au monde de souffrances assez grandes pour satisfaire mon désir. J'enviais les tourments des martyrs; j'aurais voulu les endurer tous. Je demandais instamment, et à chaque instant du jour, cette grande grâce de mourir martyre.

Les petites souffrances journalières que Jésus m'envoyait ne me paraissaient absolument rien, tant était vive l'ardeur qui me dévorait. C'était un tourment que je ne puis rendre. Il finit par me faire craindre d'être trompée par mon imagination ou par quelque illusion du démon.

Elle raconte comment elle fut amenée à écrire sa vie par le commandement de

M. Bouange, les difficultés qu'elle y rencontra et les répugnances qu'elle eut à surmonter. Vu le peu de temps qu'elle eut à sa disposition, ce travail fut long, — il dura quatre ans.

Durant cet intervalle, sa jeune sœur Julia vint la rejoindre. Elle raconte ainsi son admission :

J'ai déjà parlé de ma petite sœur Julia, que j'avais laissée dans le monde. Depuis l'époque de ma profession, cette chère enfant ne cessait de me dire que Dieu l'appelait à vivre dans le cloître.

Je voyais avec bonheur se développer dans cette petite âme si chère les saints désirs de la vie religieuse ; mais je n'osais l'y entretenir, ne croyant pas qu'elle pût suivre son attrait, à cause de sa frêle santé. — Pendant les douze ans que cette enfant vécut dans le monde, depuis mon entrée au couvent, sa vie ne fut qu'un tissu de souffrances de tout genre. — Il lui survint une maladie que le médecin assurait n'être rien, mais qui pouvait devenir un obstacle à son admission dans la communauté. Cependant, confiante et abandonnée au bon plaisir de Dieu, elle espérait toujours et ne cessait de prier. Après plusieurs neuvaines au vénérable curé d'Ars, elle se crut guérie. Elle se hâta de venir me demander si le vœu de son cœur pouvait enfin se réaliser.

J'en parlai à notre Révérende Mère Sainte-Agnès, qui se montra toute disposée à seconder les désirs de cette chère enfant, pour laquelle elle avait une tendresse toute particulière.

Son entrée fut donc fixée au 2 février 1864. J'éprouvai une joie d'autant plus grande que je n'avais jamais osé espérer ce bonheur. Cependant cette joie n'était pas sans nuages; je savais que quelques Sœurs ne paraissaient pas contentes de son entrée. Elles craignaient que deux sœurs dans la même communauté n'engendrassent quelques misères. Mais l'expérience a prouvé qu'elles n'avaient rien à craindre... Cette chère sœur comprenait si bien comment elle devait se comporter, qu'elle osait à peine s'approcher de moi pendant les récréations. A voir nos rapports extérieurs, on n'aurait jamais pu supposer que nous fussions sœurs... C'est ainsi que nos deux cœurs, si bien faits pour se comprendre, ne se retrouvèrent si près l'un de l'autre que pour souffrir d'une façon dont Dieu seul a été le témoin, et cela jusqu'à la mort de cette chère enfant. Nous n'osions nous rien dire, et pourtant, dans un seul regard, nous nous comprenions. Vivre ainsi éloignées l'une de l'autre, tout en étant si près, a fait endurer à nos cœurs un long et rude martyre pendant plus de huit ans.....

. . . .

Vers ce temps, je me trouvais quelquefois sous une impression que je ne sais rendre. Je sentais que Jésus demandait de moi quelque chose de particulier, mais je ne pouvais comprendre quoi.

Après la sainte communion, il m'arrivait souvent d'entendre Jésus me dire : *Ma fille, demande-moi tout ce que tu voudras, je te l'accorderai.* Je m'humiliais alors plus profondément, et je lui répondais que je ne savais désirer et demander que l'accomplissement de son adorable volonté. Mais je sentais toujours que Jésus me pressait de lui demander quelque chose de particulier... Je lui représentais alors les besoins de la sainte Église ; je priais son tendre Cœur de la faire bientôt triompher de ses ennemis ; d'accorder toujours un secours spécial au Chef suprême de cette Église, notre Mère bien-aimée ; je lui demandais encore plusieurs grâces pour la Communauté, pour tous ceux qui me sont chers, pour tous ceux surtout qui font du bien à mon âme ; et enfin pour moi, une seule chose : son amour et sa croix.

Après toutes ces demandes, j'étais également pressée intérieurement de la même manière... Ne sachant que faire, je pris le parti d'écrire à M. Bouange pour le prier de vouloir bien me faire connaître lui-même ce qu'il croyait que le bon Dieu demandait de moi.

Il me répondit, le 23 avril 1864, qu'il se sentait porté à me dire deux choses : 1° que le désir de Notre-Seigneur était que je m'occupe spécialement, par mes prières, mes souffrances et mes bonnes œuvres, de la sanctification du clergé et des ordres religieux, de la résurrection de l'Église du Japon et de la conversion des enfants d'Israël ; 2° de demander à Dieu avec simplicité qu'Il daignât glorifier sur la terre les deux saintes martyres qui sont les protectrices de notre Monastère et de celui d'Aurillac : sainte Clémentine et sainte Cyriaque, et de lui dire ensuite ce que Notre-Seigneur daignerait me faire connaître.

Je fis en esprit d'obéissance et d'humilité ce que M. Bouange m'avait conseillé au sujet de la sanctification de l'Église du Japon et de la conversion des enfants d'Israël, d'autant plus que je sentais un grand attrait pour cela.

Mais j'éprouvai presque de la répugnance à demander à Dieu des lumières sur sainte Clémentine et sainte Cyriaque, et toutes les fois que je croyais entendre Jésus m'assurer qu'Il m'accorderait ce que je lui demanderais, j'éprouvais des serrements de cœur impossibles à rendre. Je sentais que je ne devais pas faire cette demande, mais je craignais d'être trompée par le démon ; l'obéissance seule me faisait alors continuer ma prière. Dans cette perplexité, j'exposai ma peine à mon tendre Maître. Sa bonté, toujours si grande, daigna m'éclairer d'un rayon de lumière qui me fit connaître comment je devais me conduire dans ces occasions, c'est-à-dire avec une grande simplicité et confiance d'enfant, soit qu'Il m'accordât ou me refusât ce que je lui demandais.

Je ne puis dire de quelle manière je compris ces choses et le bien qu'en éprouva mon âme. Je m'appliquai à mettre en pratique les leçons du bon Maître, et je continuai à lui demander avec une profonde humilité ce que l'obéissance m'avait ordonné [1].

A cette même époque, je me trouvai dans deux états bien différents l'un de l'autre. Je ne puis expliquer ce contraste. C'était à la fois une joie pleine d'amertume et une amertume pleine de consolation.

D'abord la cruelle pensée que je déplaisais à Jésus dans tout ce que je faisais ne me quittait pas un instant... Puis la certitude de ma réprobation, qu'il me semblait voir consommée dans la pensée de Dieu, me causait une douleur extrême... Rien ne me paraissait si vrai, et il me semblait que tous mes efforts pour me sauver ne pourraient me servir de rien... J'ai porté cette cruelle peine pendant dix ans au moins. Il serait trop long de dire tout ce que j'ai souffert à ce sujet... Dieu seul a été le témoin du martyre qu'endurait mon âme lorsque, me sentant si fortement pressée du désir d'aimer mon Jésus, je me croyais repoussée par Lui avec la certitude que je ne pourrais l'aimer pendant l'éternité... Quels tourments, grand Dieu ! vous le savez !

1. Le sens spirituel de la Mère Sainte-Thérèse la guida très exactement dans cette circonstance. Là, comme partout ailleurs, elle se conduisit conformément aux principes les plus sûrs et les plus saints de la théologie mystique. Saint Jean de la Croix dit plusieurs fois, et avec raison, dans la *Montée du Carmel* et dans ses autres ouvrages, que jamais les âmes ne doivent demander à Dieu aucune révélation particulière.

Ce qui encore augmentait en moi cette crainte si cruelle, c'était mon peu d'amour pour la très sainte Vierge. J'ai toujours ouï-dire que n'avoir pas pour cette aimable Mère une dévotion spéciale était une marque de réprobation. Je me trouvais dans ce cas, et mon âme en était brisée de douleur. Cette peine redoublait encore tous mes ans pendant le beau mois consacré à honorer plus spécialement cette tendre Mère. J'allais souvent me prosterner au pied de son autel pour lui demander la grâce de l'aimer. J'avais l'intention de bien prier cette tendre Mère, et de lui ouvrir mon cœur; mais il arrivait presque toujours que je me surprenais m'adressant à Jésus. Malgré moi, mon cœur se portait sans cesse instinctivement vers Lui. Cependant, aussitôt que je m'en apercevais, j'en éprouvais une très grande peine, car je craignais d'affliger ma douce Mère du ciel par mon peu d'amour. Il me semblait qu'il n'y avait pas au monde de créature plus misérable que moi. Je voyais toutes mes Sœurs si ferventes, si dévouées, si remplies d'amour pour la très sainte Vierge, que j'avais encore plus de honte de ma lâcheté et de ma froideur. De là, je concluais que ma perte éternelle était inévitable, que je n'avais que l'enfer à attendre. Je me voyais souvent comme environnée de démons qui n'attendaient que le moment de ma mort pour m'engloutir avec eux. Je croyais parfois les entendre me le dire. Je voyais si clairement qu'il en serait ainsi, que

j'avais la tentation de me livrer à eux immédiatement; cette pensée était souvent dans mon esprit
et sur le bord de mes lèvres. J'étais si violemment
poussée à prononcer cet acte infernal que je ne
pouvais comprendre quelle force me soutenait.
J'étais encore poursuivie nuit et jour par un hor-
rible blasphème contre Dieu que je n'ose écrire
ici. J'étais abîmée de peine, j'aurais mieux aimé
mourir mille fois que d'y consentir, et cependant
la tentation était si forte parfois, que je croyais
être coupable. Surtout en voyant que, malgré
mes efforts, la moindre chose, le plus petit événe-
ment servait à l'augmenter en moi. Je répétais
bien souvent ce verset du psaume, que nous disons
tous les jours à none : *Vous êtes juste, Seigneur,
et vos jugements sont équitables.*

Et maintenant, comment croire que je n'étais
pas trompée, si j'ajoute, ce qui est très vrai, que
malgré toutes ces peines et ces angoisses dont je
viens de parler, mon âme goûtait une joie et une
paix délicieuses! J'avoue que je n'aurais jamais
pu croire que deux états si différents pussent exis-
ter ensemble, si je ne l'avais éprouvé comme je
l'ai fait.

Oui, mon âme était heureuse se sentant si délicieusement pressée par l'amour de Jésus et dévorée
d'un ardent désir de l'aimer et de le faire aimer.
J'aurais voulu pouvoir me mettre en pièces, surtout lorsqu'Il me montrait d'une manière si claire
jusqu'à quel point Il aime ses créatures... et moi

en particulier ; et en même temps, l'ingratitude, l'indifférence, la froideur des hommes envers Lui... J'aurais voulu me consumer, me dévouer corps et âme pour son amour, et souffrir à tout instant du jour tous les tourments possibles et la mort même pour réparer tant d'outrages!.. Jésus mettait en même temps dans mon cœur un si violent désir d'accomplir en tout sa très sainte volonté, que c'était pour moi un vrai tourment. Avant chacune de mes actions, il me semblait que mon cœur m'échappait pour s'élancer vers Jésus, et je lui disais : O mon Bien-Aimé! vous voyez l'ardeur de mon désir, faites-moi donc la grâce de faire, en ceci comme en toute chose, votre très sainte volonté ; je suis prête à tout ce que vous m'ordonnerez : vous êtes le maître de mon cœur, faites de moi tout ce qu'Il vous plaira ; pourvu que votre bon plaisir s'accomplisse, je serai toujours contente. Je le lui répétais de mille manières différentes, sans pouvoir lui dire autre chose. J'aurais voulu être détruite, anéantie, n'être plus rien moi-même et être transformée en *Volonté de Dieu*... Et avec ce violent désir, Jésus ne permettait pas que je puisse comprendre si j'accomplissais cette divine volonté... Il me semblait, au contraire, que je m'en éloignais sans cesse... Cette crainte me causait un tourment inexprimable.

J'avais besoin, pour me soutenir en cet état, de me souvenir d'une parole que j'avais cru entendre de la bouche même de mon divin Jésus, il y avait déjà longtemps. Un jour que je lui demandais l'unique grâce de lui plaire et de souffrir pour son amour, ce tendre Maître daigna me répondre : *Ma fille, tu souffriras en faisant ma volonté sans le savoir, et tu me plairas en souffrant.*

. . . .

Une autre grâce que Jésus daigna me faire à cette même époque, c'est que très souvent dans la journée mon esprit se trouvait frappé par la vue de son Cœur adorable, qui se présentait à moi tout à coup et, le plus souvent, lorsque je n'y pensais pas. Je voyais ce Cœur tout amour, tantôt environné de flammes très ardentes ; d'autres fois, laissant échapper de sa divine plaie une grande quantité d'eau et de sang, qui, comme un torrent impétueux, se débordait sur les âmes. Souvent, enfin, il me semblait voir sortir de ce Cœur adorable des rayons d'une éblouissante lumière descendant jusqu'à nous. Chaque fois, Jésus me faisait comprendre l'ardeur, la véhémence, l'immensité de son amour pour les hommes, le violent désir qui le presse de répandre ses grâces sur ceux qui les désirent, les lumières divines dont Il veut éclairer les âmes fidèles... Il me montrait en même temps, et me faisait même sentir un peu ce que souffre son tendre Cœur de tant d'indifférence de la part d'un si grand nombre de ses créatures!... Cette vue et ce sentiment m'auraient donné le courage de souffrir toute sorte de tourments, si cela avait pu dédommager le Cœur de mon Jésus...

Toutes les fois que je voyais une image qui me représentait ce Cœur adorable, je me sentais comme transportée d'amour; je ne pouvais que très difficilement retenir ces élans devant mes Sœurs; cependant il ne m'est jamais arrivé de les laisser paraître; mais aussitôt que je me trouvais seule, je ne pouvais plus me contenir, surtout lorsque, en entrant dans notre cellule, ma vue se portait sur une image du Cœur de Jésus placée à côté du lit. Oh! alors je me sentais comme hors de moi! je courais me précipiter sur cette image chérie, je la baisais un million de fois sans pouvoir me lasser; mes lèvres auraient voulu se coller pour toujours sur ce Cœur si plein de charmes! je me sentais parfois si enflammée de l'amour de Jésus, que je perdais le sentiment de moi-même; je me voyais toute perdue en Lui.

Après ces moments si délicieux pour mon âme, je me sentais plus désireuse encore d'aimer mon Jésus et de le faire aimer par tous les moyens possibles. J'essayais quelquefois, pendant les récréations, de parler à nos bonnes Sœurs de son amour envers nous, de la dévotion spéciale que nous devions avoir pour son Cœur adorable; mais mon excessive timidité m'empêchait de soulager mon cœur. Heureusement nos bonnes Sœurs n'avaient pas besoin d'être excitées, car elles étaient toutes meilleures que moi. Je ne puis dire combien grande était ma joie lorsque je les voyais en grand nombre entourer l'autel dédié au Sacré Cœur, pendant les moments que nous avions de libres. J'étais heureuse au-delà de tout ce que je puis exprimer; j'offrais à Dieu leur ferveur et leur amour en compensation de ma négligence. Mon cœur se dilatait en voyant chacune d'elles si bien prier et tant aimer le doux Cœur de Jésus.

Quand j'étais moi-même devant ce petit autel, je ne savais plus m'en aller : j'y demeurais quelquefois des heures entières sans pouvoir faire le moindre mouvement. Il me semblait souvent que Jésus me disait de demeurer auprès de Lui pour le dédommager de l'ingratitude de tant de cœurs qui ne l'aiment pas, surtout de ceux dont Il a le droit d'attendre plus de fidélité...

. . . .

. . . .

. . . .

Je vais maintenant, par obéissance, et quoiqu'il men coûte, raconter ici ce que la timidité m'a fait omettre dans les récits précédents; c'est pour la gloire de mon tout aimable Jésus.

Je dois avouer que j'ai toujours éprouvé une répugnance extrême, une répulsion des plus grandes pour tout ce qui est dégoûtant, comme les plaies et autres choses semblables.

Pendant l'hiver de l'année 1866, une de nos élèves fut atteinte d'un mal au doigt; il s'y forma bientôt une plaie très difficile à guérir. Étant alors Mère Vicaire, j'avais assisté à la visite du médecin, et je voulus, pour la première fois, appliquer moi-même le remède qui avait été prescrit; depuis ce moment, cette chère enfant vint régulièrement deux fois le jour, sans que je le lui aie dit, pour se faire panser.

Vu mon extrême répugnance, j'avais à me surmonter toutes les fois que je voyais l'enfant entrer dans notre cellule. Plusieurs fois je fus tentée de lui demander pourquoi elle ne se faisait pas soigner au pensionnat par la Sœur qui en était chargée; mais, grâce à Dieu, ce sentiment de la nature était vite étouffé, et je témoignais beaucoup d'affection et de joie à cette chère petite.

Un soir, voulant essayer de la soulager, je pris un peu de lait pour baigner son doigt et en nettoyer la plaie. Comme j'étais fort pressée, je laissai ce lait sans le jeter.

Le lendemain, après la sainte communion, mon doux Jésus se fit sentir bien délicieusement à mon cœur et me témoigna son amour d'une manière ineffable... Je m'efforçai de lui exprimer le mien... je lui disais avec ferveur : « O mon unique Époux, je vous aime, et pour vous le prouver aucun sacrifice ne me coûtera et ne me paraîtra pénible... demandez-moi ce que vous voudrez, je ne vous refuserai rien. »

Tout à coup, il me sembla entendre une voix intérieure me disant que je serais bien agréable à Jésus si, pour vaincre ma nature trop délicate, je buvais le lait dans lequel avait trempé le doigt de notre petite élève. Cette pensée me fit frissonner et excita un soulèvement général dans tout mon être. Ce sacrifice me semblait au-dessus de mes forces; mais je venais de promettre à mon Jésus de ne lui rien refuser. La lutte entre la nature et la grâce fut pénible. Enfin la grâce triompha, et je me décidai à faire cet acte quoiqu'il pût m'en coûter.

Après l'action de grâces, je montai à la cellule, et sans me permettre de rien penser, je fus directement à la tasse que j'avais laissée la veille, et je bus d'un trait ce lait dégoûtant et déjà corrompu.

Je ne puis exprimer la joie et la douceur que j'éprouvai aussitôt. Je me trouvai toute surprise d'avoir fait cet acte sans presque m'en apercevoir... Je regrettais de n'avoir éprouvé aucune peine... telle fut la puissance de la grâce sur mon âme si lâche et si peu généreuse. Oui, c'est mon Jésus seul qui a tout fait en moi sans aucun mérite de ma part.

. . . .

A cette même époque, mon attrait pour la souffrance devint si grand qu'aucune douleur ne pouvait me satisfaire; je demandais sans cesse à mon Jésus la grâce du martyre...

Comme on ne me permettait pas même les mortifications de règle, à cause de ma faible santé, je cherchais tous les moyens pour m'en dédommager.

Pendant les repas, comme je mangeais fort peu, je ne prenais de la portion qu'on m'avait donnée que ce qui me répugnait, et s'il s'y trouvait quelque chose de dégoûtant je me hâtais de le choisir. Mais, je l'avoue, ce n'était pas sans me faire une extrême violence.

Je pris encore la résolution de ne jamais satisfaire, même pendant les repas, la soif qui me tourmentait bien souvent.

Dès mon entrée, je m'étais fait une loi de ne jamais boire entre les repas, quelle que fût l'ardeur de ma soif.

Cependant, il m'était encore plus pénible de ne point la satisfaire pendant les repas eux-mêmes. Je prenais toujours la même quantité d'eau dans la coupe, et je puis dire qu'elle était très insuffisante pour me désaltérer.

Je passais tous les vendredis sans boire du tout, depuis le jeudi soir jusqu'au samedi matin. Cette mortification est celle qui m'a le plus coûté, surtout en été... Souvent j'étais tentée de me permettre un peu de relâche, mais, avec la grâce de Dieu, j'ai continué ainsi pendant près de deux ans.

Comme j'étais habituellement souffrante, cette privation finit par augmenter mon mal; je perdis l'appétit et les forces. Si Jésus ne m'avait pas soutenue, je n'aurais pu, sans doute, y tenir; mais j'étais heureuse de pouvoir offrir au très doux Jésus cette soif brûlante qui me dévorait sans cesse. Je l'unissais avec bonheur à celle qu'Il a endurée lui-même sur la croix pour le salut de nos âmes. Oh ! oui! tout cela n'est rien... et pour mon Jésus que ne voudrais-je point faire encore!...

Souffrir le martyre si je le pouvais... voilà toute mon ambition !...

Ici se termine le manuscrit de sa vie. Les extraits qui suivent sont tirés de ses autres écrits.

LIVRE II

CHAPITRE I

28 Octobre 1866. — Mai 1868.

Premiers rapports du curé de Saint-Alain avec le monastère. —
Quelques aperçus sur l'état de l'âme de la Mère Sainte-Thé-
rèse. — Maladie et mort de la Mère Sainte-Agnès. — La Mère
Sainte-Thérèse est nommée Abbesse du monastère.

Le 28 octobre 1866, Mgr Lyonnet, archevêque d'Albi, qui m'avait nommé curé de
Saint-Alain et archiprêtre de l'arrondis-
sement de Lavaur, m'avait fait l'honneur
de venir m'installer. Il me demanda d'être
Supérieur local du monastère de Sainte-
Claire, et, me donnant tous les pouvoirs
précisés par la sainte règle, me pria de
le visiter souvent. Il me dit : « Dieu vous
rendra en bénédictions pour votre paroisse
et pour vous ce que vous ferez pour cette
sainte communauté. »

Tout d'abord, mes rapports furent peu

fréquents; j'allais seulement tous les mois faire une instruction au parloir. Un jour, m'y trouvant seul avec la Mère Sainte-Thérèse, alors Mère vicaire, je fus porté, je ne sais comment, à lui parler de son intérieur.

C'était une âme si limpide qu'il n'était pas malaisé de saisir au premier regard qu'elle était tout à Dieu et qu'elle marchait dans les voies de la plus haute sainteté. Je lui demandai alors instamment de rédiger un journal de ses impressions spirituelles. Elle obéit malgré une extrême répugnance. C'est ce journal que j'ai maintenant sous les yeux, dont on va donner quelques extraits. Voici d'abord ce qu'elle me dit au sujet de notre premier entretien :

Pendant que vous me parliez de sainte Thérèse, je vous écoutais avec bonheur, lorsque tout à coup vous vous interrompîtes pour me dire : « Puisque nous parlons de votre grande patronne, pourriez-vous me dire, ma Mère, quelle est votre voie d'oraison? » Une semblable question, que jamais personne ne m'avait ainsi posée, me surprit, et je ne pus que balbutier : « Mon Père, je n'en sais rien ».

'ous me répondîtes alors que, sans doute, le bon
)ieu devait me faire bien des grâces... Et vous
)'expliquâtes si bien tout ce qui se passait en mon
me et de quelle manière Dieu me conduisait, que
) compris que vous voyiez clair en moi comme
ans un miroir. Je n'eus qu'à répondre affirmati-
·ement à tout ce que vous voulûtes bien me de-
nander, tant vous deviniez parfaitement l'état de
non âme [1].

12 août 1867. — O ma séraphique Mère sainte
)laire ! bénissez la plus pauvre et la plus indigne
le vos enfants. C'est en ce jour béni de votre fête
]ue je commence à écrire mes impressions de
:haque jour. Dieu seul sait combien il va m'en
:oûter, car c'est bien Lui qui a mis dans mon cœur
.e désir si grand de vivre inconnue et ignorée de
:out le monde. Cependant, malgré ma répugnance,
'ai résolu d'obéir jusqu'à la mort pour plaire à
mon Jésus.

Ce matin, pendant le temps de l'oraison, j'ai
éprouvé un doux recueillement ; j'étais heureuse,
mais je ne puis me rendre compte de ce que j'ai
fait ; l'impression qui m'est demeurée a été un plus

1. Je livre à la publicité ces détails intimes, uniquement afin
de donner de l'autorité au témoignage que je dois rendre sur
cette âme si privilégiée. Si, tout d'abord, j'ai exactement exprimé ce qu'étaient ses voies spirituelles, je l'ai pu bien davantage alors que, pendant de longues années, j'ai eu avec elle des
rapports si fréquents.

ardent désir d'imiter ma glorieuse Mère sainte Claire. Oh ! combien je suis loin de ce parfait modèle.

Pendant la sainte messe, j'étais en esprit au ciel devant le trône de l'Agneau immolé pour le salut du monde ; je croyais entendre la voix des vingt-quatre vieillards placés autour de ce trône, et celles des vierges, parmi lesquelles je distinguais celle de notre douce Mère. Je ne puis rendre le saisissement et le bonheur que j'éprouvais ; mais rien ne fixait autant mon attention que la vue du divin Agneau, dont le sacrifice permanent se renouvelait en ce moment sur nos autels. Oh! combien j'ai désiré de m'unir à son sacrifice, et de m'immoler avec Lui pour le salut des pécheurs. Jésus s'est plaint à moi de ce que parmi le grand nombre d'âmes qui assistent tous les jours aux divins mystères, qui même y participent, il y en a pourtant si peu qui entrent dans l'esprit de ces sacrés mystères et se mettent en peine de recueillir les fruits abondants qui en découlent...

C'est surtout après la sainte communion que j'ai goûté des délices inexprimables ; là, sur le Cœur de mon Bien-Aimé, je me suis donnée de nouveau tout à Lui. De son côté, ce doux Sauveur a bien voulu aussi me renouveler toutes les tendresses de son amour pour moi, sa chétive créature... Oh! c'est trop, c'est trop, vraiment! Je lui ai exprimé mes craintes d'être trompée... Il m'a rassurée avec une touchante bonté, me disant de ne rien craindre, qu'Il me garderait toujours dans son Cœur sacré; qu'après tant de preuves qu'Il m'avait données, des soins si délicats qu'Il avait pris de mon âme, je ne devais avoir aucun doute à ce sujet... et autres choses semblables que je n'ose tracer sur ce papier.

Aujourd'hui, j'ai eu l'ineffable bonheur de pouvoir demeurer plus longtemps auprès de mon doux Jésus au saint tabernacle, de le contempler exposé sur l'autel. Oh! quels délicieux entretiens nous avons eus ensemble! que de choses Il m'a dites!...

Que de promesses je lui ai faites de ne plus vivre qu'en Lui, pour Lui et par Lui!

Il m'a fait mieux comprendre tout ce que souffre son Cœur si aimant de ne pouvoir se communiquer qu'à un si petit nombre d'âmes. Il m'a pressée bien fort de l'aimer toujours davantage, de m'abandonner entièrement à Lui pour être sa victime pour les pauvres pécheurs!... Oui, tendre Maître, je suis à vous; faites de moi tout ce qu'il vous plaira!...

. . . .

18 août 1867. — Aujourd'hui, mon âme est dans une angoisse que je ne puis exprimer. Je n'ai pu trouver un peu de repos qu'auprès du saint tabernacle, où je suis demeurée le plus longtemps possible, et là, en présence de mon Bien-Aimé, j'ai déposé ma peine avec mes larmes, le suppliant d'avoir pitié de moi et des pauvres pécheurs, dont je suis la victime.

Il m'a semblé que Jésus me disait, en me montrant son très doux Cœur : « Reste avec Moi, ma « fille ; vois comme je souffre de l'ingratitude des « hommes... Je t'ai choisie pour me dédommager « un peu avec toi. Reste avec Moi, et console mon « Cœur par ton amour et ton dévouement. En ce « moment surtout, si tu pouvais voir tous les « péchés qui se commettent, tu en mourrais de « douleur... »

Mes larmes ont coulé avec plus d'abondance ; je me suis offerte à mon Jésus pour le salut de ces pauvres âmes.

. . . .

Lundi, 19 août 1867. — Ce soir, en commençant le saint Office, il m'a semblé voir le très doux Cœur de mon Jésus ; de sa plaie d'amour s'échappait un torrent de grâces et un rayon de lumière qui venait jusqu'à moi !... Je croyais voir en même temps sur l'autel le divin Agneau, immolé pour le salut du monde, qui s'offrait sans interruption en sacrifice à son Père éternel. Il m'invitait doucement à m'unir à Lui, à lui offrir mes peines, mes douleurs, afin de participer aux mérites des siennes, et devenir ainsi une même victime avec Lui pour la gloire de Dieu et le salut des âmes.

. . . .

. . . .

Jeudi, 22 août 1867. — Malgré mon travail, qui ne me laisse guère un instant de repos, j'ai senti mon âme remplie de sentiments délicieux qui l'ont tenue élevée au-dessus des choses de la terre.

Pendant le chant des litanies de la très sainte Vierge, à cette invocation : *Mater divinæ gratiæ,* j'ai éprouvé un mouvement plus qu'ordinaire. Il m'a semblé être devant le trône de l'Auguste Reine des Cieux, et la voir toute resplendissante de beauté et de gloire... toute pleine de grâces... les recevant directement du très doux Cœur de son divin Fils, et les répandant avec abondance sur nous... Je me sentais pressée de les lui demander avec plus de zèle pour les pauvres pécheurs, dont elle est la Mère si miséricordieuse et si bonne !

Après l'action de grâces du souper, je suis demeurée au chœur. A peine m'étais-je recueillie, que Jésus s'est montré à moi, et, m'ouvrant son adorable Cœur, Il m'a dit ces paroles : « Ma fille, « je brûle du désir de m'unir à toi par la com- « munion. »

Je lui ai répondu qu'Il connaissait aussi mon désir..., car, depuis trois jours, je ne m'étais point nourrie de cette viande céleste, et mon âme languissait... Cependant, je me suis vue si indigne de ce que me disait Jésus, que je n'ai pu m'empêcher de pleurer, et je me suis profondément humiliée, comme la plus pauvre et la plus misérable des créatures.

Jésus m'a dit ensuite : « Ma fille, lorsque ton
« cœur souffre et que tu es dans la peine, c'est
« pour toi un soulagement de trouver quelqu'un
« qui veuille bien y compatir et la partager avec
« toi. Il en est de même de mon Cœur, qui endure
« dans le Sacrement de son amour des ingratitudes
« et de cruels outrages. Lorsque je trouve un
« cœur comme le tien, qui désire le consoler, j'y
« fais mes plus chères délices... Je t'ai choisie
« pour cela..., aime-moi donc sans partage. »

Je ne puis rendre la vive émotion que j'ai éprouvée à ces paroles !

Vendredi, 23 août 1867. — Tout impressionnée
de ce que j'avais éprouvé hier au soir, mon âme
n'a cessé de soupirer toute la nuit après l'heureux
moment où je pourrais m'unir à Jésus, et, ce matin, j'ai senti mon désir redoubler... Oh ! comme
il a été délicieux ce moment, où, dans les bras de
mon Bien-Aimé, je l'entendais me parler avec une
douce familiarité et me montrer les douleurs de
son divin Cœur... Je lui ai promis que je ne voulais vivre que pour le consoler et le dédommager.

..... Je me suis fatiguée aujourd'hui ; mais le
désir de lui plaire par tous les sacrifices me les
rend plus faciles. N'ayant pas eu un moment dans
la journée, on m'a permis de réciter mon chapelet
pendant la récréation. En me promenant seule
dans une allée du jardin, il m'a été bien doux de
pouvoir m'entretenir avec mon cher Sauveur ;

le bruit qui se faisait autour de moi semblait ne
pas arriver jusqu'à mon âme ; elle était occupée à
contempler la beauté si ravissante du firmament,
au-delà duquel habite Celui que mon cœur aime
par-dessus toutes choses, et vers lequel je soupire
sans cesse... Je contemplais avec délices ses perfections infinies, et, en même temps, je me voyais
sur la terre comme un petit point imperceptible,
pire que le néant, puisque j'ai tant de fois péché,
et la pensée ou plutôt le sentiment du tendre
amour de ce grand Dieu pour sa chétive créature
a fait éprouver à mon âme ce qu'il m'est bien impossible d'exprimer.

Oui, mon Dieu, je le sens, vous êtes Tout, et
moi je ne suis rien !... Oh ! que je suis heureuse !...

. . . .

. . . .

Mercredi, 28 août 1867. — Tant de bonté de la
part de Jésus me confond ; je voudrais pouvoir
m'anéantir devant Lui...

Après la sainte Communion, j'ai goûté la douceur ineffable de l'union intime avec mon Bien-
Aimé. Il paraissait satisfait de se trouver dans mon
pauvre cœur pour se dédommager de l'indifférence
de tant d'autres qui négligent de le recevoir. J'aurais voulu avoir en ce moment les cœurs de tous
les hommes pour les lui consacrer sans réserve...
Je souffre tant à la pensée que Jésus n'est pas
aimé !

Je ne sais ce qui s'est passé en moi ; ce dont je me souviens, c'est que mon doux Sauveur m'a dit de prier surtout pour les âmes religieuses qui n'ont pas cet esprit de dévouement qu'Il demande d'elles, et qui ne s'appliquent pas à marcher généreusement dans la voie du sacrifice et du renoncement qu'Il a suivie Lui-même.

Je lui ai demandé de vouloir bien faire connaître à toutes ces âmes la sublimité et les avantages de cette voie si rude à la nature ; car il me semble que si toutes le comprenaient, comme Jésus me le montre, toutes l'aimeraient et y marcheraient plus généreusement que moi...

Jésus m'a dit qu'Il ne refusait à personne les lumières nécessaires pour bien connaître ce qu'il faut faire ; mais que ces lumières plus vives, que son amour m'accorde parfois, doivent se mériter par une grande fidélité aux premières déjà reçues...

.   .   .   .

.   .   .   .

Dimanche, 1ᵉʳ septembre 1867. — Ce matin, pendant la sainte Messe, j'ai été vivement impressionnée par un sentiment intime que Jésus m'a donné sur la malice et l'énormité du péché... Je voyais toute la terre couverte de crimes, et des âmes sans nombre tomber dans les abîmes éternels. J'aurais voulu me placer sur la porte de ce gouffre pour les empêcher d'y tomber ! Je pleurais et suppliais le Seigneur de leur faire grâce et miséricorde... je ne puis rendre tout ce que j'ai éprouvé... je me sentais pressée de prier beaucoup pour la France.

Je me suis approchée de la sainte Table avec cette vive impression... Aussitôt que Jésus a été dans mon cœur, je l'ai offert au Père Éternel, comme étant la seule victime capable d'apaiser sa juste colère. Je me suis unie à Lui, et j'ai redoublé mes instances et mes larmes en faveur de la France... Jésus m'a dit qu'il fallait qu'elle eût sa part du châtiment qu'elle a tant mérité... je l'ai supplié de l'épargner à cause de la tendre dévotion qu'il y a dans cette chère patrie pour le très doux mystère de l'Eucharistie et pour son adorable Cœur ! Quoique je ne sois rien, je lui ai offert le sacrifice de ma vie pour la sainte Église et pour la France : Jésus m'a dit qu'Il ne demandait pas de moi ce sacrifice, parce qu'Il me réservait pour être sa victime d'une autre manière, qu'Il serait toujours avec moi et qu'Il me soutiendrait de sa grâce puissante.

J'ai été au noviciat aujourd'hui. Oh ! que je sentais le désir de faire passer dans le cœur de ces chères petites Sœurs un ardent amour pour Dieu et un généreux dévouement à son divin service... Mais de quoi suis-je capable ? Mon Dieu, vous le savez...

Vendredi, 8 novembre 1867. — Mon cœur soupire sans cesse après mon Bien-Aimé... Oh ! quand pourrai-je lui ressembler en souffrant pour son amour et pour les âmes... Mon esprit est tout occupé des besoins de la sainte Église... Je ne puis m'en distraire, et tout ce que je fais je l'offre à Jésus pour le triomphe de ma sainte Mère l'Église, pour son Chef suprême et pour tous ses persécuteurs... Etre victime pour les âmes, voilà mon désir et mon ambition !...

9 mars 1868. — A l'oraison du soir, mon esprit s'est trouvé tout à coup transporté auprès de Jésus dans le saint Tabernacle ; j'ai senti mon âme s'unir intimement à la sienne, et il m'a semblé entendre ce doux Sauveur me dire, avec une expression d'amour ineffable : « Ma fille, ma fille, viens ; je « veux te montrer la plaie la plus douloureuse faite « à mon Cœur, afin que tu l'adoucisses par ton « amour... Cette plaie, si profonde, est causée par « les âmes religieuses et sacerdotales infidèles à « leur vocation, ou qui n'y répondent pas selon « mes desseins... Ma fille, console-Moi... redis-Moi « bien souvent que tu m'aimes ; ton amour m'est « si agréable que j'en éprouve une consolation « plus grande que la peine que me font un grand « nombre d'autres âmes... »

Je me sentis profondément humiliée, craignant que ce ne fût qu'une illusion, car je me vois la plus mauvaise de toutes les créatures. Cependant, Jésus m'a fait sentir bien vivement son tendre amour, et comprendre bien des choses que je suis impuissante à expliquer...

La Très Révérende Mère Sainte-Agnès mourut le 4 avril. Quelques jours après, M. Vergnes, délégué de Mgr Lyonnet, vint présider les élections. La Mère Sainte-Thérèse fut élue abbesse le 7 avril.

Dieu imposa un nouveau sacrifice au couvent : M. l'abbé Rampon, prêtre fort pieux et très distingué, depuis fort longtemps aumônier du couvent, fut enlevé un mois après, alors que rien ne pouvait faire pressentir cette cruelle séparation. Jésus en avait prévenu la Révérende Mère, et l'avait préparée à ce nouveau sacrifice.

Vers la fin du mois de mai, Mgr Lyonnet, dans une visite qu'il fit au monastère, me pria d'être le confesseur de la Révérende Mère et de ses filles.

CHAPITRE II

Mai 1868. — Mars 1869.

Aperçu sur les extases de la Révérende Mère. — Diverses manifestations de l'amour de Jésus pour elle. — Plaintes sur l'ingratitude des hommes. — Abandon absolu au bon plaisir de Jésus; conditions de la réalisation de ses desseins sur elle.

Vers le mois de juin 1868 se produisirent dans la Révérende Mère des phénomènes très connus, qui ont été réalisés en bien des saintes que l'Eglise a placées sur les autels, c'est-à-dire les phénomènes de l'extase. Je dois dire un mot de ces états tels que je les ai vus.

Il est bon de faire observer d'abord que l'impressionnabilité nerveuse de la Mère était très faible, son imagination fort peu vive; c'était des facultés de son esprit la moins développée. Elle avait toujours vécu dans le positif et le réel de la vie chrétienne. Elle possédait parfaitement son âme, et jamais n'avait été guidée que par une raison très haute et très saine. Il n'y avait donc rien dans son état qui vînt du tempérament, rien qui, de loin ou de près, pût se rapprocher des phénomènes hystériques, rien qui pût se rattacher à un état pathologique. Elle éprouvait une très forte répugnance à subir ces états, et ne cessait de demander à Dieu qu'ils ne fussent connus de personne[1]. Son humilité se révoltait à la pensée que ses filles pouvaient la croire meilleure qu'elle ne l'était, et elle se sentait torturée par la crainte que l'ordre matériel de la communauté en souffrît. Elle résistait donc de toute son énergie, comme le témoignent ses comptes rendus.

Bien des fois j'ai pu constater en elle la vérité des paroles de sainte Thérèse, qui compare l'action de Dieu, saisissant l'âme, à un aigle tout-puissant qui fond,

---

1. « O ma chère Sœur, disait-elle un jour à son ancienne « Maîtresse du noviciat qui se plaignait de ces extases, quel « service vous me rendriez si vous obteniez de Dieu que cela « cesse. »

Toutes ses filles avaient une si haute idée de sa sainteté que toutes respectaient en elle ces grâces surnaturelles.

sur sa proie et l'enlève sans qu'il lui soit possible d'opposer la moindre résistance. Pendant l'extase, elle était immobile, les yeux fermés, la figure très calme, sans aucune contraction nerveuse ; il y avait le reflet d'une inexprimable sérénité. On voyait qu'elle goûtait un profond repos dans le sein de Dieu. Quelquefois elle poussait vers Jésus des aspirations d'amour qui touchaient profondément ses Sœurs. Les descriptions que M. Lasserre fait de l'état de Bernadette devant la grotte de Lourdes peuvent donner une idée assez exacte de ce qui se passait en elle.

Mais si les sens inférieurs étaient suspendus dans leur activité, les facultés supérieures de l'âme n'avaient que plus de puissance pour saisir les choses de Dieu. C'est alors que l'amour de Notre-Seigneur pour elle lui était vivement manifesté et qu'elle sentait les traits brûlants que Jésus lui lançait. C'est alors qu'elle avait des vues sur les plus hauts mystères de la foi : sur la très sainte Trinité, sur l'humanité sainte du Sauveur, sur les opérations de son Ame sacrée, sur la vie de Jésus dans l'Hostie, et aussi sur la France, sur l'Eglise. Les plaies profondes de la société lui étaient vivement manifestées. Ce sont ces vues diverses dont nous allons donner quelques extraits [1].

1er juin 1868. — Ce matin, sur le Cœur de mon bien-aimé Jésus, j'ai goûté un délicieux repos ; je ne pouvais lui rien dire, mais Il a tout compris, et, avec sa bonté ordinaire, Il a dissipé les craintes de mon âme et m'a rassurée d'une manière que les paroles ne peuvent rendre. C'est par un sentiment intime que ce tendre Sauveur m'a fait comprendre et sentir tout l'amour de son Cœur pour moi... et sa tendre sollicitude pour me garder.

« Il m'a dit d'attendre en paix ses moments sans
« les devancer ni les retarder par ma faute... Il
« est impossible que je sois trompée tandis que je
« ne chercherai que sa gloire et son bon plaisir.

1. Les extases produisaient dans l'âme de la Mère de puissants effets de sainteté. Les progrès dans la pratique des vertus sont, comme le fait très bien remarquer sainte Thérèse, la pierre de touche qui permet de prouver sûrement que les extases viennent de Dieu.

A cette preuve venaient se joindre aussi ces vues élevées, ces intuitions profondes des mystères de Dieu dont je viens de parler. C'est aussi, comme le fait ressortir le P. Hahn dans un opuscule récent, *les Phénomènes hystériques et les révélations de sainte Thérèse*, une preuve décisive de la présence du surnaturel divin dans une âme.

« Il a ajouté que je ne devais pas avoir tant de
« crainte de dire tout ce qu'Il fait en mon âme,
« parce que c'est sa gloire à Lui... Que ce n'est
« pas de moi, misérable créature, que je parlerai
« alors, mais de ses divines miséricordes, de son
« ineffable amour, etc... De bien considérer ce
« qu'Il est et ce que je suis ! et cette vue suffira
« bien pour tenir mon âme au niveau de ce qu'elle
« doit être... Il m'est impossible d'écrire autre
« chose... Mon Dieu, je ne veux que vous ! vous
« le savez ; tout le reste ne m'est rien. Oh ! non, je
« le sens trop[1] ! »

6 juin 1868. — Aujourd'hui, mon très aimant
et si aimé Sauveur m'a fait entendre sa douce
voix : « Viens, m'a-t-il dit en m'attirant douce-
« ment sur son Cœur, viens, ma fille, ô mon enfant
« chérie ! te désaltérer à la source enivrante de
« mon divin amour. Je veux te faire boire à longs
« traits à cette fontaine délicieuse et sacrée qui

---

1. La crainte d'être trompée dans ces intuitions existait toujours. C'était une preuve qu'elle ne l'était pas. Cette crainte
existait quand elle était revenue à elle-même, mais non pendant ces intuitions. Alors elle était certaine qu'elle percevait la
vérité. Elle avait cette certitude dont parle bien des fois sainte
Thérèse.

Cette crainte habituelle venait de sa profonde humilité, de
l'impuissance que l'âme éprouve à exprimer ce qu'elle a vu et
de bien d'autres causes. Elle n'avait absolument aucune complaisance en ces manifestations. Et c'était aussi un autre caractère qui montrait qu'elle était dans la vérité. « Tant que tu
« ne tiendras à rien qu'à ma volonté, lui disait un jour Jésus,
« tu ne peux être trompée. »

« coule de mon Cœur adorable... Je veux que le
« tien soit comme un réservoir dans lequel je ferai
« couler cette eau divine avec mes grâces en
« abondance, pour, de là, les répandre autour de
« toi... Il faut donc que tu rendes ce réservoir,
« c'est-à-dire ton cœur, très profond par l'humi-
« lité, dilaté et agrandi par la confiance, l'amour
« et le zèle !... »

. . . .

11 juin 1868. — Aujourd'hui, j'ai goûté une
union bien intime avec mon doux Jésus. Je le
voyais, non des yeux du corps, mais je sentais son
ineffable douceur... Il m'a dit de le laisser entièrement maître de mon âme, qu'Il voulait par là me
préparer aux grandes grâces que sa tendresse me
réserve. Qu'Il voulait se servir de moi, précisément parce que je ne suis rien, pour faire son
Œuvre... Qu'au ciel je serais heureuse d'y voir un
grand nombre d'âmes au salut desquelles j'aurais
puissamment contribué... et plusieurs autres choses
qu'il m'est impossible d'exprimer par des paroles :
elles sont trop impuissantes. J'ai cru aussi voir
au ciel l'auguste Vierge Marie me dire avec tendresse : « O ma fille chérie! que tu es aimée de
« mon fils Jésus!... Aime-le, à ton tour, autant
« que tu le pourras!... »

Mon pauvre cœur n'en peut plus !

13 juin 1868. — Jésus me saisit si fortement
hier soir que je ne pus me coucher. Je restai pros-

ternée contre terre... Mon doux Jésus m'attirant toujours plus fortement, je crus l'entendre me dire avec une tendresse inexprimable : « O ma fille « bien-aimée! si tu veux répondre à mon amour, « viens te plonger dans cet océan sans fond et sans « rives de mon très doux Cœur; c'est là que tu « trouveras la vraie vie et tout ce qui te sera né- « cessaire... » Il me semblait, en effet, nager avec délices dans cet océan d'amour; je me voyais comme au milieu d'un brasier ardent et d'un soleil lumineux, qui me paraissait être comme un miroir dans lequel je voyais parfaitement ce que je suis, c'est-à-dire un pur néant !... Jésus me faisait comprendre que, tant que je me regarderais dans ce miroir, je n'oublierais pas ma bassesse et mon impuissance...

Ce matin encore, pendant l'oraison, j'ai été frappée subitement par un trait d'amour de mon Bien-Aimé, qui m'a renversée à terre...J'ai éprouvé un délicieux repos, mais j'ai été bien confuse que cela soit arrivé devant la communauté. Lorsque je l'ai pu, je suis montée à la chapelle du Sacré-Cœur, pour lui confier amoureusement ma peine. J'ai entendu alors cette parole de mon Jésus : « Ma fille, tu ne dois avoir de honte que du péché « et de toute imperfection, mais non de ce que je « fais en toi; laisse-moi faire, car je veux que, « m'étant intimement unie, tu aimes mon divin « Père comme je l'aime ; que tu le serves comme « Moi, et que tu le glorifies comme Moi! »

14 juin 1868. — Ce matin, à peine étais-je à genoux pour commencer l'oraison, que j'ai senti que Jésus allait me saisir... Je suis sortie bien vite du chœur, et j'ai couru me cacher à la chapelle de notre bienheureux Père saint François ; là, je me suis prosternée, et je suis demeurée une heure entière dans un combat d'amour que je ne puis exprimer.

Il m'a semblé voir le très doux Cœur de mon Jésus s'ouvrir devant moi, s'agrandir et se dérouler comme un livre ; je voyais des choses admirables que je ne puis rendre ! Rien sur la terre ne saurait en donner une idée... Je ne puis même me rendre compte de ce que j'ai éprouvé. Je me souviens seulement que Jésus m'a fait sentir son tendre amour pour moi, et que mon impuissance à lui rendre un amour semblable me faisait beaucoup souffrir... Il m'a montré en même temps son amour pour les hommes et leur noire ingratitude à son égard... En ce jour surtout, où son infinie bonté le porte à sortir de son saint tabernacle, pour aller bénir son peuple dans les rues de la ville, combien peu savent apprécier cette faveur !.. Combien, au contraire, qui l'outragent !... Et ce tendre Sauveur m'a dit, en me faisant sentir plus vivement encore ses impressions d'amour : « Oh ! « ma fille, toi au moins aime-moi... laisse-moi me « dédommager avec toi... laisse-moi faire tout ce « qu'il me plaira dans ton âme qui m'est si chère ! » et autres choses semblables.

5 juillet 1868. — Mon âme vit en Dieu… tout le reste n'est rien pour moi et ne peut attirer mes regards, encore moins captiver mon cœur ; oh ! non, il est tout entier à mon bien-aimé Jésus ! Je le lui ai donné, Il l'a pris et renfermé dans le sien… Oh ! qu'il fait bon dans cette retraite, dans cet asile si sûr, dans cette fournaise d'amour ! Son ardeur m'a saisie subitement, ce soir, après les Vêpres, et comme je lui exprimais ma peine et ma confusion, ce doux Sauveur m'a dit : « Ma fille, sois « sans crainte ; tu ne peux comprendre maintenant « ce que je fais en toi ; plus tard tu le comprendras… Laisse-moi faire ce qu'il me plaît, c'est « tout ce que je te demande pour le moment, car « tout cela est pour ma gloire. »

Je me suis abandonnée de nouveau, et avec toute l'ardeur possible, à son bon plaisir, comme une victime toute dévouée à sa plus grande gloire… Je l'ai beaucoup prié pour les âmes, afin de consoler son tendre Cœur : Il le demande de moi, je le sens.

O mon Jésus ! puisque vous m'en donnez le désir, accordez-m'en la grâce. Voyez toute ma faiblesse, ma pauvreté et ma profonde misère.

7 juillet 1868. — Le tout aimable Jésus semble oublier l'indignité et la profonde misère de sa pauvre épouse pour la faire jouir des ineffables délices renfermées dans son Cœur. Oh ! que d'inexprimables douceurs n'y ai-je point goûtées ce matin pendant l'oraison. Mais après la sainte Communion

l'ardeur de son amour s'est fait sentir plus vivement encore... mon corps est tombé en défaillance,
et, pendant une heure et demie, j'ai joui d'un délicieux repos sur le Cœur de mon bien-aimé sans
pouvoir expliquer ce que j'ai éprouvé. Je me souviens seulement que Jésus m'a montré un grand
nombre d'âmes qui avaient besoin de secours spi-
rituels, et j'ai cru l'entendre me dire : « Ma fille
« bien-aimée, c'est à toi que je veux confier ces
« âmes, afin que tu les secoures, que tu travailles
« à leur salut; donne-moi des âmes, ma fille, oh!
« donne-moi des âmes! je te demande cela pour
« consoler mon Cœur... C'est la mission que je
« veux te confier et que je te montrerai plus clai-
« rement. »

O Jésus! je suis à vous, faites ce qu'Il vous plaira
en moi. Je suis prête à me dévouer pour les âmes,
quand et comme vous le voudrez; ce désir me dévore!...

9 juillet 1868. — Les flèches d'amour parties
du très aimable Cœur de mon Bien-Aimé ont frappé
le mien et l'ont blessé sensiblement. Quand donc
pourrai-je rendre amour pour amour à ce divin
Époux! Oh! que mon impuissance est grande...
Aussitôt que je me suis approchée de Lui à la
Table sainte, je lui ai exprimé ma peine de ce que
les grâces extérieures qu'il me fait sentir me sai-
sissent devant la communauté...

Ce doux Sauveur me l'a reproché, et, avec sa

bonté ordinaire, Il m'a dit : « Pourquoi, ma fille,
« t'occupes-tu de cela? tu dois t'oublier toi-même
« pour ne penser qu'à Moi seul et me laisser faire
« tout ce qu'Il me plaît... ce sera pour ma gloire,
« et puisque tu désires la procurer n'y mets pas
« obstacle. »

14 juillet 1868. — J'ai été délicieusement abreu-
vée ce matin, pendant l'oraison, d'une enivrante
douceur que je ne pourrai jamais exprimer. C'était
quelque chose de pur comme Dieu même. J'ai cru
entendre mon divin Bien-Aimé me dire ces paroles, qui, en même temps, faisaient fondre mon
cœur de reconnaissance : « ... Oh! que ton cœur
« est pur, ma fille; tu l'as toujours gardé pour
« Moi; qu'il me tarde d'y descendre, je brûle du
« désir de venir l'habiter; c'est ma demeure, et le
« lieu de mes délices où j'aime à me dédommager
« de ce que tant d'autres me refusent[1]... »

1. Il ne faut pas s'étonner de ces paroles d'amour que Jésus
fait entendre aux âmes qui sont bien à Lui. Ces faits se pro-
duisent ordinairement dans la vie des saints contemplatifs. Du
reste, ils ont une raison profonde dans le grand mystère de
l'Incarnation. En s'unissant à notre nature, le Verbe éternel a
pris le besoin d'aimer, qu'Il a lui-même créé en elle. Jésus
daigne éprouver et subir tous les besoins, toutes les nécessités
de l'amour.

Le Cantique des cantiques, un des livres les plus merveilleux
de la sainte Ecriture, est surtout la révélation de l'amour de
Jésus pour les âmes ses épouses, personnifiées dans la Sulamite,
et de l'amour de ces âmes pour Lui. (Voir mes *Études exégétiques sur le Cantique des cantiques.*) Ces manifestations
d'amour sont, en quelque sorte, nécessaires, pour que les âmes

Mes sens étaient saisis, et pourtant, pendant que nos Sœurs disaient l'office, ce verset m'a frappée : *Amavit eum Dominus et ornavit eum.* Il m'a semblé que mon Jésus me le répétait et me disait avec tendresse : « Oui, ma fille, je t'ai « *aimée* et je t'ai *ornée!* fais attention à ces « paroles; je ne me suis pas contenté de t'*aimer* « seulement, mais je t'ai *ornée* de mes grâces les « plus précieuses et les plus rares,... et toi, ma « fille, je veux qu'en m'aimant autant que tu en « seras capable, tu me fasses aussi un don digne « de Moi,... que tu te dévoues à ORNER les âmes « que je te confie pour ma gloire et que tu te don- « nes à moi sans aucune réserve... »

Je lui ai dit que je croyais lui avoir tout donné; mais ce doux Sauveur m'a répondu : « Ma fille, donne-moi encore quelque chose. »

Cela m'a peinée; je ne comprenais pas ce que je pouvais avoir encore que je ne lui eusses pas sacrifié. Il m'a dit alors :

« Je veux, ma fille chérie, que tu me donnes « la répugnance que tu éprouves lorsque je laisse « paraître aux yeux des créatures les impressions « de ma grâce en toi; tu dois sacrifier cela et me « laisser faire comme je le voudrai. » Je lui ai offert cette immolation et me suis abandonnée...

arrivent au degré de sainteté où elles sont prédestinées, s'y maintiennent, et surtout pour qu'elles puissent porter les croix qu'Il leur destine. Car si Jésus aime à placer ces âmes avec Lui sur le Thabor, c'est ordinairement à Gethsémani et sur le Calvaire qu'Il les conduit.

16 juillet 1868. — Pendant que j'étais prosternée devant le saint Tabernacle, Jésus m'a montré la terre toute couverte de crimes!... Combien cette vue m'a fait mal, parce que je sais que mon Jésus en souffre... Je lui ai demandé pardon pour tous ces crimes. Pardon et miséricorde surtout pour la France tant aimée de son très doux Cœur [1].

. . . .

. . . .

. . . .

23 juillet 1868. — Après la sainte communion, Jésus s'est montré à moi avec une grâce et une beauté ravissante, et m'a dit ces paroles : « Je suis « la Fleur des champs et le Lis des vallées ! oui, la « fleur la plus belle et.la plus délicieuse que tu « puisses rencontrer; mais vois, ô ma fille ! comme « cette fleur des champs est simple quoique extrê « mement belle; c'est ainsi qu'est ton Bien « Aimé. » J'ai compris alors des choses admirables sur la vertu de simplicité, ainsi que sur la pureté et sur la beauté ravissante de Jésus, le lis divin. Puis Il a ajouté : « Viens, petite bergère, conduire « le troupeau que je t'ai confié dans les champs,

1. Je puis le déclarer en toute vérité, longtemps avant le mois d'août 1870, elle m'a parlé de terribles événements qui devaient châtier la France. En l'écoutant, je me demandais quels seraient ces grands malheurs. Et j'étais porté à croire qu'elle était trompée ou du moins à rester dans l'incertitude et le doute.

« c'est-à-dire dans le silence, le recueillement et la
« plus exacte solitude... C'est là que tu lui appren-
« dras à trouver la véritable fleur des champs, à
« l'imiter, à l'aimer et à ne vouloir respirer que le
« doux parfum du Lis des vallées. »

. . . .

26 août 1868. — Mon divin Bien-Aimé m'a dit
aujourd'hui que je devais sans cesse demeurer avec
Lui et unir mes actions et mes prières aux siennes, afin que ma prière devienne aussi puissante
que sa propre prière, puisque ce sera lui-même qui
priera en moi et par moi. Dieu le Père pourrait-il
refuser quelque chose à son Fils bien-aimé?

Il m'a dit encore : « Tu es l'enfant de mon Cœur.
« Je t'ai choisie pour le bien d'un grand nombre
« d'âmes. Je veux que tu sois comme le canal par
« lequel je leur communiquerai les grâces que je
« leur destine. Je te promets, ô ma fille! que toutes
« celles qui te seront dociles éprouveront les effets
« de ma protection. »

28 août 1868. — Jésus, par un effet de son pur
amour, s'est montré à moi dans son saint Tabernac-
cle, et je me voyais en Lui d'une manière que je ne
puis exprimer. C'est alors qu'il m'a été donné de
comprendre son union continuelle avec son divin
Père ; sa vie d'immolation, de sacrifice permanent
et de prière incessante, et j'ai entendu ces paroles :
« Voilà, ma fille, ce que tu dois faire ; comme je ne

« suis qu'Un avec mon Père, il faut de même que tu
« ne fasses qu'Un avec moi par une intime union,
« afin que tu pries avec moi, que tu te sacrifies
« avec moi, que tu t'immoles avec moi, que tu te
« dévoues avec moi pour la gloire de mon Père! et
« que tu l'aimes avec moi, comme moi et par moi!
« M'étant ainsi unie, ma fille, tu plairas à mon
« Père céleste en proportion de ton union avec
« moi, car ce n'est que par moi que tu peux méri-
« ter : de toi-même tu ne peux rien ».

O mon divin Jésus! quel bonheur pour moi d'être
ainsi unie à vous qui êtes la sainteté même!

17 septembre 1868. — Ce matin, après la sainte
communion, il m'a semblé voir à mes côtés deux
anges d'une admirable beauté. J'ai cru les entendre
me dire : « Nous sommes ici pour défendre votre
« âme contre la malice de vos ennemis; nous ado-
« rons le divin Jésus en votre cœur; nous admirons
« avec étonnement sa tendre bonté pour vous, sa
« petite créature. Nous vous portons une sainte
« envie [1], car nous n'avons pas le privilège de nous

---

1. L'Eucharistie est la propriété des âmes et des hommes.
Elle leur appartient, elle a avec eux une intime liaison. Toute-
fois, il existe de grands rapprochements entre les Anges et le
Saint Sacrement. C'est le mystère spécial de cette nature humaine, sous laquelle Jésus est le chef des Anges. C'est là un des
mystères qu'ils adorent et dans lequel ils désirent humblement
plonger leurs regards. Ils ressentent pour lui une admiration
spéciale et le suivent partout à travers le monde, dans les mains
du Prêtre, sur le trône de l'autel, dans les tabernacles, dans ses
obscures visites aux malades, comme s'ils étaient invincible-

« incorporer ainsi à Lui par le sacrement ineffable
« de son amour et d'être traités avec tant de fami-
« liarité. Oh ! combien doit être grande la recon-
« naissance de votre âme, si chérie de son Dieu.
« Nous veillerons fidèlement à sa garde, afin qu'a-
« près avoir accompli sa très sainte volonté sur la
« terre vous soyez, au Ciel, notre compagne et
« notre sœur ! »

1er octobre 1868. — A peine étais-je à genoux
ce matin pour commencer mon oraison, que mon
bien-aimé Jésus m'a fait entendre ces paroles :
« Viens, ma fille, auprès de mon Cœur pour me
« consoler des outrages et de l'indifférence qu'il
« reçoit dans le Sacrement de son amour ! » J'ai
senti et compris quelque chose des souffrances intimes qu'Il endure de la part de tant d'âmes, même
de celles qui lui sont consacrées... Plusieurs s'occupent de Lui un instant au moment de la prière,
puis elles l'oublient et n'y pensent que faiblement ;

ment attirés par Lui, et ils le sont en effet. L'Eucharistie est
appelée la nourriture des Anges, le pain des Anges, et quoiqu'ils ne puissent jouir d'une véritable union sacramentelle
avec Notre-Seigneur, il n'est pas douteux qu'Ils n'en saturent
leur intelligence par une sorte de puissante communion spirituelle. Quoi qu'il en soit, le Saint Sacrement est le privilège de
la nature humaine, c'est une faveur que nous devons attribuer
au choix que Dieu a fait de toute éternité de notre nature, en
un mot c'est l'aimant des âmes humaines.

Ce point restera toujours vrai, bien qu'il existe, sans doute,
entre la sainte Eucharistie et le royaume évangélique plus d'un
rapport mystérieux que nous ignorons totalement. (Le P. Faber,
le Saint Sacrement, t. II, liv. IV, sect. VI, p. 238.)

tout autre chose semble les intéresser davantage ; cette vue m'a fait mal, et je disais : « O aimable « Jésus, ô beauté ravissante, ô bonté souveraine, « pourquoi donc êtes-vous si peu aimé?... Faites- « vous donc connaître, et on vous aimera ! » Il m'a fait comprendre alors la grande difficulté qu'é- prouvent les âmes pour s'oublier elles-mêmes et être tout à Lui.

Après la sainte communion j'ai éprouvé des im- pressions si fortes, que tout mon corps s'en est res- senti ; tous mes membres étaient dans l'agitation et le tremblement ; j'en étais presque effrayée, crai- gnant d'être le jouet du démon. Je sentais qu'il était campé non loin de moi et qu'il cherchait l'occasion de me perdre. Je l'entendais me dire : « Que tu le veuilles ou non, je te ferai tomber dans « le péché... » Jésus répondait : « Et moi, ma fille, « par la force de ma grâce je t'en préserverai ». Le démon reprenait : « Tu ne m'échapperas pas ; tôt « ou tard, je t'atteindrai ». Et mon Jésus me disait : « Rien, ma fille, ne pourra t'arracher de mes mains ; « je te tiens, et je te garderai toujours dans mon « cœur [1] », et autres choses semblables qui détrui- saient une à une toutes les craintes que voulait m'inspirer l'ennemi de mon âme.

---

1. Le prologue du livre de Job montre combien Satan s'ap- plique à persécuter les âmes qui sont à Dieu. Et ce livre fait voir combien Dieu est glorifié par ces âmes qui, dans la fai- blesse de notre nature, luttent contre lui et triomphent de cet ange orgueilleux.

Cette agitation et ce tremblement que j'éprouvais dans mes membres me donnait cependant un peu d'inquiétude; je pensais que j'étais trompée. Mon doux Jésus m'a encore rassurée en me disant : « Sois donc tranquille, ma fille bien-aimée; ne « t'étonnes pas : c'est l'action de ma grâce qui agit « sur toi; je prépare ainsi ton âme aux desseins « que j'ai sur elle... Je suis si près de toi, et je « m'unis à toi si étroitement que ta pauvre et faible « nature, se trouvant en contact si direct avec ma « sainteté, éprouve nécessairement une impression « qui l'étonne et qui la fait tressaillir et trembler « en même temps. »

. . . .

. . . .

4 octobre 1868. — A peine mon aimable Jésus a-t-il été en moi par la sainte communion qu'Il m'a montré son très doux Cœur environné de flammes, et m'a invitée amoureusement à venir m'y reposer, me disant que là seulement je trouverai le vrai bonheur; qu'Il m'avait trop aimée pour permettre que je goûte les choses de la terre, parce que je ne suis point faite pour elles, mais pour Lui uniquement! Je me suis permis de lui dire alors : « Puis- « que je ne suis point faite pour la terre, pourquoi « donc m'y laissez-vous? Vous savez combien est « grand le désir que j'ai d'aller vers vous, de vous « posséder et de vous aimer sans fin! — O ma « fille! m'a-t-il répondu, je le sais; mais il faut que

« tu vives encore sur la terre pour y accomplir ma
« volonté et faire du bien aux âmes comme je le
« désire; ta vie, comme la mienne et tout unie à
« la mienne, doit être uniquement employée à ces
« deux fins si nobles. Que ton cœur demeure tou-
« jours renfermé dans le mien au saint Tabernacle
« et ton esprit avec tes pensées au Ciel!... C'est
« ainsi, ma fille, que, intimement unie à ton Jésus
« en toute chose, tu glorifieras le Père céleste par
« l'accomplissement de sa très sainte volonté et
« ton dévouement pour les âmes... et que tu sauras
« ainsi allier comme moi la vie terrestre avec la
« vie céleste. »

. . . .

. . . .

CHAPITRE III

Mars 1869. — 1er Janvier 1870.

Aperçu général sur les Révélations qui montrent Jésus vivant
et immolé dans le prêtre. — Grandeur du prêtre. — Vues sur
l'humilité. — Vues sur la Très Sainte Trinité. — Culpabilité
du monde. — Malheurs dont est menacée la France. — Visite de Mgr Lyonnet, archevêque d'Albi. — Vue générale sur
le triomphe de l'Eglise. — Croix lumineuse. — Nouvelles
vues sur le prêtre. — Diverses vues sur l'état de son âme.

Le 9 mars 1869 est une date importante
dans la vie spirituelle de la Révérende
Mère. C'est le jour où Dieu daigna lui révéler, d'une manière bien vive et bien
frappante, les rapports qui existent entre
le prêtre le plus infime et le sacerdoce
éternel de son Fils. A partir de ce moment
la vue des doigts consacrés du prêtre, qui
sont l'autel où Jésus-Christ s'immole par
les paroles de la consécration, furent pour

elle comme un soleil vivant qui la frappait toujours et qui souvent suffisait pour la faire entrer en extase. Cette vue produisait sur elle quelque chose d'analogue au soleil mystérieux qui agissait sur la Vénérable Anna Taïgi. (Lisez les livraisons LIV et LX des *Analecta juris pontifici*.)

Toutes les fois que Mgr Lyonnet entrait dans le monastère, elle baisait ses mains avec un inexprimable respect, ce qui touchait profondément le vénérable prélat. Plusieurs fois il m'en a parlé. Il en a parlé aussi à d'autres personnes très respectables, qui l'affirmeraient au besoin.

Cette attraction qu'elle avait vers les doigts du prêtre n'était pas seulement la manifestation de sa foi, qui lui montrait dans le prêtre ce que Dieu l'a fait par la consécration, qui l'a comme identifié au sacerdoce éternel du Verbe Incarné, ce n'était pas seulement ce sentiment de profond respect qui fait que publiquement en Italie, en Espagne et dans tout l'Orient, dès qu'un prêtre apparaît on lui baise les mains : c'était encore et surtout une vue directe, une intuition toute surnaturelle de tout ce que le prêtre est pour Dieu et pour les âmes, une pénétration de l'inexprimable puissance qu'il a de créer sous les espèces eucharistiques l'être sacramentel du Christ.

Il est bon de citer ici ces paroles de saint Augustin si connues, mais, hélas ! si peu comprises : *O Veneranda Sacerdotum dignitas in quorum manibus Dei Filius velut in utero Virginis incarnatur* : « O vé- « nérable dignité des prêtres, dans leurs « mains le Fils de Dieu, comme dans le « sein de Marie, est incarné. » *O cœleste mysterium quod per vos Pater et Filius et Spiritus Sanctus tam mirabiliter operantur, sub tam ineffabili mysterio vestro quod uno eodemque momento idem Deus, qui præsidit in cœlo, in manibus vestris et in sacrificio* : « O mystère céleste ! par vous « le Père, le Fils et l'Esprit opèrent si « merveilleusement, par votre ineffable « mystère : dans un seul et même moment, « le même Dieu qui préside dans le ciel « est dans vos mains en sacrifice. »

Le saint Docteur continue en faisant ressortir l'inexprimable grandeur du prêtre. Dans ces phrases brûlantes, le grand évêque pousse un cri de tristesse en voyant cette dignité si peu respectée. Elle l'est peut-être encore moins de nos jours.

Que des hommes non croyants méconnaissent cette dignité, on peut le comprendre ; mais que des chrétiens pratiquants oublient ce qu'ils lui doivent, c'est bien plus triste encore.

L'Eucharistie a toujours été le principe, le centre, la consommation de toute la vie spirituelle de la Mère Sainte-Thérèse. C'était dans l'Hostie qu'elle cherchait le Cœur sacré de Jésus, c'était dans l'Hostie qu'elle contemplait les opérations de l'Ame sacrée du Verbe Incarné et s'unissait à Elle. La pureté, l'obéissance, la pauvreté, l'immolation de Jésus dans l'Hostie étaient pour elle le type de perfection toujours présent à son esprit et que Dieu lui faisait réaliser merveilleusement.

Elle ne cessait de prier et de pleurer à la pensée des âmes qui communient dans la tiédeur, elle pleurait bien plus encore sur les âmes religieuses qui ne tendent pas énergiquement à la haute sainteté à laquelle elles sont appelées; mais, plus que toutes les autres, l'âme du prêtre en général l'attirait : elle offrait habituellement pour les âmes sacerdotales toutes ses souffrances, toutes ses mortifications, toutes ses prières.

Voici les récits qu'elle fait dans son journal :

9 mars 1869. — Aujourd'hui j'ai reçu la visite de mon charitable guide. J'allais me retirer, lorsque, me mettant à genoux pour recevoir sa bénédiction. j'ai été saisie subitement par une impression des plus fortes que j'ai jamais éprouvée.

Il m'a semblé voir en lui la personne adorable de mon divin Sauveur, d'une manière que je ne puis rendre; mais surtout j'ai cru voir l'hostie sainte dans ses doigts bénis... Je ne puis dire combien a été vive mon émotion !... J'avais tout oublié, je ne voyais que Jésus-Hostie, non des yeux du corps, car je les avais fermés, mais seulement d'une manière intellectuelle, qui pourtant me paraissait bien réelle... Je sentais mon cœur tout brûlant d'amour pour Jésus-Hostie... J'aurais voulu pouvoir m'approcher de Lui et coller mes lèvres sur les doigts bénis qui me paraissaient le tenir... Ce n'est qu'avec violence que je me suis retirée... Je n'ai été un peu consolée qu'en pensant à la communion de demain... Ce désir de m'approcher de Jésus-Hostie et de manger ce pain céleste est devenu si ardent qu'il dévore mon cœur !...

10 mars 1869. — Les mêmes impressions de Jésus-Hostie dans les mains du prêtre se sont renouvelées aujourd'hui.

Ce soir, après Complies, mon doux Sauveur m'a fortement attirée sur son cœur... Là encore je n'ai été occupée que de Jésus-Hostie... Il m'a donné une vue plus claire sur la grandeur et la sublimité du sacerdoce qui élève le prêtre à la hauteur même du Christ... et sur la bonté infinie de Dieu qui, en nous donnant son divin Fils Jésus, a bien voulu nous le rendre aussi sensible et aussi visible en la personne du prêtre .. Si ces mystères étaient mieux compris, il y aurait moins de mal dans le monde... beaucoup plus de sainteté... et les âmes trouveraient une plus grande facilité à s'avancer dans la vertu et la perfection... Je ne puis expliquer ces choses comme je les comprends... O mon unique Jésus ! faites-les passer dans toutes les âmes qui me sont chères...

11 mars 1869. — J'ai été saisie hier soir, en terminant Matines... C'est encore la même impression qui remplissait mon âme : Jésus-Hostie dans les doigts du prêtre... Voilà toute ma contemplation de cette nuit jusqu'à une heure et demie du matin... Jésus se montrait à moi en état de Victime et d'Hostie immolée, dans les mains du prêtre... L'impression en a été si forte, et elle m'a fait éprouver des transports si ardents pour la sainte communion, que mon cœur en était tout brisé... Ces élans d'amour, comme des flèches brûlantes, le traversaient de part en part et me faisaient pousser des cris involontaires... Je suis demeurée trois heures en cet état.

3 avril 1869. — Dès que j'ai eu communié, je me suis trouvée en présence de mon très doux Jésus ressuscité, et, avec une nouvelle expression d'amour, il m'a dit: « O ma fille! que je t'aime. Laisse-« moi faire en toi tout ce qui me plaira... C'est en « cela que je trouverai ma gloire.., Je veux exercer « sur toi *ma puissance d'amour*... comme *Dieu*, « en faisant en toi des merveilles de grâces...comme « *homme*, en t'aimant d'une manière plus sensi-« ble et sentie, en rapport avec ta condition, et « me faisant aimer de toi autant qu'il est possible « à une créature, établissant ainsi cette douce, « chaste, suave et intime union de ton âme avec « la mienne très sainte, qui ne fera plus qu'un de « nous deux, ô mon épouse bien-aimée !... »

14 avril 1869. — Après Matines, hier soir, je récitais le chapelet que je n'avais pu dire durant le jour. Tout à coup mon esprit fut transporté au ciel devant le trône de Dieu... La multitude des esprits célestes l'environnait et chantait ses louanges avec tous les bienheureux... J'étais ravie à cette vue, et je suis demeurée dans cette ineffable contemplation jusqu'à une heure et demie de la nuit, tout occupée de mon très aimé Jésus, au milieu d'un calme, d'un repos délicieux et inexprimable. Ce matin, il me tardait de recevoir le bien-aimé de mon âme, mais encore la crainte de lui déplaire est venue me briser... Je suis cependant allée à Lui en toute humilité, et aussitôt Il m'a saisie et m'a attirée fortement près de son Cœur... Le mien semblait s'agrandir sous son divin regard et se consumer sous l'action du feu qui le dévorait... Mon seul et unique désir est de m'approcher de mon Jésus par l'union la plus intime à sa Volonté, de l'aimer ardemment, de travailler à sa gloire, et de ne jamais l'offenser... A part cela, rien, ce me semble, sur la terre ne pourrait me rendre heureuse, pas même les faveurs les plus signalées. Aussi, lorsque mon doux Jésus daigne me les promettre, tout en n'étant pas insensible à cette marque de son amour, cela ne peut entièrement me satisfaire, parce que c'est Lui seul que je cherche et que je désire plus que ses dons [1]. Oh ! que ce

---

1. Comme la Révérende Mère était merveilleusement conduite ! Que d'âmes qui ne font pas de progrès et reviennent tristement en arrière uniquement parce que, d'une manière inconsciente mais réelle, elles préfèrent les dons de Jésus à Jésus lui-même !

désir est violent, et qu'il me presse. Quand donc vous posséderai-je, ô mon unique amour?...

. . . .

21 avril 1869. — Lorsque Jésus a été dans mon cœur... il me semblait que tout mon être s'agrandissait et s'approchait de Dieu... J'éprouvais un désir immense de me donner tout à Lui, de me sacrifier sans réserve à son bon plaisir par la conformité de ma volonté avec la sienne... Je sentais la douceur et l'union de ces deux volontés d'une manière que je ne puis rendre... Tout mon être se fondait et s'écoulait comme de l'eau dans le Cœur de Jésus.

21 avril 1869. — Quelle peine j'ai ressentie ce matin, lorsque j'ai vu que je ne pouvais aller entendre la sainte Messe et que l'obéissance m'a obligée de communier!... Oh! qu'il m'en a coûté à la pensée que le Dieu du ciel et de la terre allait venir dans notre cellule pour se donner à moi si pauvre, si misérable... La joie de m'unir à Lui me rendait heureuse, mais j'étais toute confuse en pensant à mon indignité... A peine ai-je eu reçu mon aimable Sauveur qu'Il m'a fait éprouver un tressaillement inexprimable par son divin baiser; et dans ce chaste embrassement j'ai cru l'entendre me dire avec tendresse : « O ma fille ! qu'il me tardait de « m'unir à toi... ton obéissance m'est agréable... « Je me plais tant à venir résider dans ton âme,

« parce que j'aime les humbles autant que je dé-
« teste les *pauvres* orgueilleux... »

J'ai été vivement émue à ces paroles... Jésus m'a
donné de les comprendre, en me montrant que toute
âme est pauvre par elle-même et que Lui seul peut
l'enrichir par sa grâce; mais qu'alors elle ne doit
rien s'attribuer, sans quoi elle déplaît infiniment à
ce Dieu trois fois saint !...

Alors je me suis permis de lui dire : « Mon tout
aimé Jésus, s'il est bien vrai, comme vous me le
dites, que cette vertu est dans mon cœur, pourquoi ne puis-je pas le voir?... Il me semble, au contraire, en être bien éloignée... » « Sois sans crainte,
« ma fille bien-aimée, tu vois ton âme comme je
« te la montre moi-même, c'est-à-dire avec ma
« propre lumière, qui te fait parfaitement distin-
« guer ce qui est de mon opération divine d'avec
« ce qui est de ta nature... Cette vue est encore
« une grâce que je t'accorde, qui te rend bien
« agréable à mon Cœur. Oh! si tu te voyais diffé-
« remment, tu te jugerais comme le font les âmes
« orgueilleuses qui ne sont pas dans la vérité et
« qui me blessent infiniment... »

22 avril 1869. — J'ai compris ce matin que ce
qui fait au ciel le charme des bienheureux, c'est
l'infinie beauté de Dieu qui les ravit et les enivre
de bonheur;... ce qui les éclaire et les réjouit, c'est
sa splendeur souveraine qui, de ses rayons éblouissants, les illumine, les enflamme et les transporte

d'amour!... Mon pauvre cœur s'est senti tout embrasé d'un immense désir de m'abîmer en Dieu pour ne plus vivre qu'en Lui. J'ai cru alors entendre ces paroles : « Bientôt, ma fille, je te ferai les « grâces que je te réserve et que je t'ai promises si « souvent... je te ferai vivre en Moi pour que tu « puisses faire mon œuvre comme je le désire... « Ces grâces seront toutes spéciales et ne ressem- « bleront en rien à celles que j'ai faites à tant de « saints, qui pourtant m'étaient bien chers... »

Ces promesses m'ont rappelé ce que Jésus me disait il y a quelques jours, savoir : que je ne devais plus vivre comme l'on vit sur la terre, mais comme Il y vivait Lui-même après sa Résurrection, c'est-à-dire n'y être que par nécessité pour faire l'œuvre de Dieu par la seule impulsion de sa grâce, pour remonter en esprit vers Lui et perdre le souvenir de tout ce qui est terrestre...

..... Dans l'après-midi, me trouvant recueillie, j'ai cru voir tout à coup le Cœur de Jésus environné d'une lumière éclatante, laissant échapper de sa plaie d'amour des torrents de grâces sur un grand nombre de cœurs fidèles qui l'entouraient et le priaient avec ferveur ; ces cœurs étaient si près de Celui du doux Jésus qu'ils étaient tout illuminés par la clarté de ces divins rayons. De ces cœurs, ces grâces se répandaient encore sur une multitude d'autres placés plus bas et dans un lieu plus obscur.

J'ai vu surtout les grâces du Cœur de Jésus couler avec abondance sur l'auguste Vicaire de Jésus-

Christ! Oh! quelle vive impression j'ai éprouvée en voyant Notre Très Saint-Père Pie IX dans une auréole de gloire, sa figure resplendissante de beauté, de majesté et de sainteté... attirant les bénédictions du Cœur de Jésus sur l'Église tout entière.

. . . .

23 mai 1869. — Mon esprit a été transporté au ciel, où j'ai contemplé avec un indicible bonheur la très sainte et très adorable Trinité!... Je voyais Dieu le Père, avec son essence divine et toutes ses perfections infinies... Je le voyais produisant sa Parole éternelle qui est son Verbe... Ce Verbe divin formé par Dieu ne sortait pas de Dieu... Il demeurait en Lui... quoique très distinct, puisqu'Il forme la deuxième Personne de l'auguste Trinité... Je l'ai vu revêtu de son Humanité sacrée, me rappelant tous les profonds mystères qu'Il a accomplis pour notre salut... Et le Père et le Fils s'aimant d'un mutuel amour produisaient ainsi la troisième Personne de cette Trinité adorable, qui est l'Esprit du Père et du Fils. Esprit de paix, de lumière et d'amour, qui, avec eux, n'est aussi qu'un seul et même Dieu... J'ai vu ces choses si grandes, si admirables, d'une manière très claire, mais que je ne puis exprimer, cette Majesté suprême d'un Dieu en trois Personnes me ravissait... J'adorais humblement cette triple Unité et indivisible Trinité, en union avec la cour céleste, dont tout le bonheur et la félicité ne consistent que dans la vue et la possession de ce Dieu trois fois saint!... Je voyais ce Dieu si bon se communiquer à tous les Bienheureux, à chacun selon leur degré de gloire, et tous être pleinement satisfaits de leur bonheur...

. . . .

4 juin 1869. — Perdue et abîmée sur le Cœur de mon Jésus, je désirais ardemment être sa victime pour souffrir avec Lui... Ce désir lui plaisait; mais Il m'a fait comprendre ce que tant d'autres fois Il m'a dit : que ma souffrance ne doit pas être une souffrance commune, mais différente de celle des autres... tout intérieure et connue de Lui seul...

. . . .

J'ai cru entendre ensuite Jésus me dire : « Ma « fille, si je te retirais les grâces sensibles que je « t'accorde depuis longtemps, que ferais-tu?... » « O mon divin Jésus! lui ai-je répondu, je n'hésiterais pas un instant à vous en faire le sacrifice, pour seconder vos desseins sur moi... Votre contentement sera le mien, car je vous aime plus que vos dons... Vous seul me suffisez... » Et Il a daigné me répondre avec une tendresse inexprimable : « O ma fille! « que tes dispositions me sont agréables... Mais je « ne te retirerai pas mes grâces; je les multiplie- « rai, au contraire, précisément parce que tu es « prête à m'en faire le sacrifice... » Au même instant j'ai senti, en effet, couler dans mon âme un fleuve de paix, de douceur et d'amour qui m'a fait tressaillir.

. . . .

6 juin 1869. — En me faisant comprendre ce que souffre son tendre Cœur à la vue du monde coupable, Jésus m'a fait entendre ces paroles : « Le « monde, je l'ai en abomination... Je l'aurais cer- « tes bientôt exterminé, comme il le mérite, s'il « n'y avait encore quelques âmes qui me sont bien « chères et qui, par leur amour, désarment ma juste « colère... Tu es de ce nombre, ma fille... Si la « France mérite les châtiments et les malheurs « dont elle est menacée[1], j'épargnerai cette ville « et tous ceux qui te sont chers, à cause de toi. »

. . . .

23 juin 1869. — Mon doux Sauveur, me mon- trant son adorable poitrine entr'ouverte, m'a dit ces paroles : « Regarde mon Cœur, ô ma fille!... tu « y verras ma divine volonté... tu l'aimeras... tu « l'accompliras... et par là tu me glorifieras... » J'ai eu le sentiment que c'est de l'Œuvre que je suis destinée à faire dont Jésus voulait me parler.

. . . .

1. Bien des fois les crimes de la France lui étaient vivement présentés. Elle était fortement pressée de prier pour elle. Les châtiments venus par la guerre et surtout par la Commune, et tombant sur Paris, lui étaient clairement indiqués.

30 juin 1869. — L'excessive tendresse que Jésus me témoignait m'a fait oser lui dire : « Mon unique Bien-Aimé, vous voyez la peine de mon Cœur ; vous m'aviez promis que pendant ce mois vous me feriez de grandes grâces, et aujourd'hui c'est le dernier jour... » Je ne lui ai pas dit autre chose ; mais je semblais par là lui demander quelles étaient ces grâces ou bien si j'avais été trompée ? Mon doux Sauveur a daigné me répondre : « Non, ma « fille, tu n'es point trompée... Comptes-tu pour « rien la grâce que je t'ai faite en te parlant plus « souvent pendant ce mois de l'Œuvre à laquelle « je te destine et que je veux que tu fasses pour « ma gloire ?... Quelle grâce plus grande pour- « rais-je te faire que de te confier cette Œuvre ?... « et comment pourrais-je mieux te prouver mon « amour qu'en faisant choix de toi ?... Tout ce que « je t'ai promis s'accomplira ; mais ne t'inquiète « pas pour savoir quand et comment... Laisse-moi « faire... c'est tout ce que je te demande pour le « moment... Tout ce que tu voudras se fera, ma « fille, parce que tu voudras en Moi... par Moi... « et comme Moi... »

. . . .

11 juillet 1869. — Ce soir mon âme a été ravie et mon esprit transporté au ciel. L'aimable Jésus, me montrant son Cœur ouvert et m'y faisant pénétrer, m'a dit ces paroles : « Vois, ô ma fille ché « rie ! les sentiments qui m'animaient lorsque

« j'étais sur la terre. Depuis la crèche jusqu'au
« Calvaire je n'ai eu qu'un seul désir, un seul re-
« gard, une seule pensée, une seule intention : la
« volonté de mon Père céleste... Tout ce que j'ai
« fait n'a tendu qu'à cette fin... » J'ai senti, en
même temps, d'une manière intime et ineffable les
sentiments et les dispositions du Cœur sacré de
Jésus passer dans mon âme... mais d'une manière
si suave que les expressions me manquent : Il m'a
fait connaître que ce qui lui plaît surtout en moi,
c'est la conformité de mes sentiments aux siens en
ce point... et qu'Il veut que j'enseigne aux autres
cette manière de lui plaire.

. . . .

20 juillet 1869. — Mgr Lyonnet, archevêque
d'Albi, est entré aujourd'hui dans l'intérieur de la
communauté. Après que Sa Grandeur a eu vu et
entretenu toutes nos bonnes Sœurs, elle a bien
voulu encore me permettre de lui parler en particulier. Je lui ai ouvert mon âme en toute confiance, lui faisant part de mes peines et de mes
craintes d'être trompée. Le digne prélat m'a ras-
suré avec une bonté vraiment paternelle, et m'a
dit de ne rien craindre, parce que j'étais dans la
voie de Dieu, dont j'étais la bien-aimée.

Ensuite je me suis mise à genoux devant Sa
Grandeur, et lui ai demandé humblement la faveur
de baiser ses doigts. Je l'ai obtenue sans difficulté ;
ce très digne Prélat, avec une bonté de père, m'a

présenté sa main pour me faire baiser son anneau pastoral, croyant que c'était là mon désir... mais je désirais bien autre chose! J'ai donc saisi sa main vénérable, et, la pressant respectueusement dans les miennes, j'ai baisé mille fois avec un saint transport ces doigts sacrés entre lesquels chaque jour descend mon doux Sauveur... en eux je croyais le voir encore... j'étais vivement émue... Mes lèvres brûlant de ce désir depuis si longtemps, et trouvant enfin l'occasion de se satisfaire, ne pouvaient se lasser de baiser ces doigts bénis... Je ne me croyais plus sur la terre, et je ne pouvais que m'écrier : « Oh! quelle grâce!... » Enfin, je ne sais ce que j'ai fait en ce moment, qui a été pour moi celui d'une véritable ivresse spirituelle qui m'a fait oublier toute timidité.

Notre digne Archevêque, après s'être laissé faire aussi longtemps que je l'ai voulu, m'a paru tout ému et heureux en même temps; il m'a parlé du don ineffable que Dieu nous a fait en nous donnant son divin Fils dans la sainte Eucharistie et dans la sainte Communion... m'a bénie de nouveau avec effusion de cœur pendant que je baisais respectueusement ses pieds.

Je ne puis me lasser de remercier le Seigneur de cette précieuse visite, qui m'a apporté tant de consolations...

. . . .

24 juillet 1869. — Oh! combien je languis sur

cette pauvre terre d'exil! depuis quelques jours surtout le désir de m'envoler vers ma chère Patrie me presse plus fort...

En voyant aujourd'hui les doigts bénis du prêtre, mes transports d'amour se sont renouvelés... Oui, le prêtre est plus qu'un Ange, c'est le *Christ* Lui-même!... Prêtre... victime... et sacrificateur tout ensemble... mais quel Prêtre!... quelle victime!... quel sacrificateur!... Oh! que ne puis-je dire à tout l'univers ce que j'éprouve à la vue de la grandeur, de l'excellence, de la sublimité du prêtre!... Combien il mérite notre respect, notre confiance, notre amour... Malheureusement on ne sait voir en lui qu'un homme, que souvent même, dans son appréciation, on place au-dessous de l'homme ordinaire... et on ne comprend pas l'injure que cela fait au Christ!... dont le Prêtre est le représentant et la plus vive image.

. . . .

25 juillet 1869. — Pendant le doux repos que j'ai pris ce matin sur le Cœur de Jésus, j'ai entendu sa voix me dire avec force : « Bientôt, ma « fille, je ferai luire sur le monde des jours de lu- « mière, de paix et de salut... mais avant, et pour « que cette lumière paraisse plus éclatante, elle « sera précédée de jours de ténèbres, de désor- « dres... d'erreurs... » J'ai vu alors, comme dans un tableau, la rage de l'enfer faisant un dernier effort pour perdre les âmes en les acharnant plus que jamais contre la sainte Église... la terre entière comme bouleversée... Dieu dominant tout par sa toute-puissance... faisant triompher la sainte Église par la médiation de Marie la Reine-Immaculée, et Mère de son Fils bien-aimé, que tant d'âmes invoquent avec la plus entière confiance [1].

. . . .

27 juillet 1869. — Jouissant ce matin de la plus intime union avec mon Bien-Aimé, j'ai cru l'entendre me dire : « ..... Je t'ai choisie, ma fille, « pour être comme une lumière dont je puisse me « servir comme je le voudrai... Il n'est pas néces- « saire, pour que cette lumière éclaire les âmes, « qu'elle soit placée au milieu du monde... Mais « placée dans un petit coin, environnée de l'obs- « curité du cloître, cette lumière n'en sera que « plus éclatante et plus brillante... Et en même « temps elle est en sûreté... » Je ne sais dire ces choses comme je les ai comprises... ni beaucoup

1. Il faut bien se garder de limiter à quelques années cette vue générale. Plusieurs fois Dieu lui faisait sentir que les années ne sont rien devant Lui.

Il n'y a d'indiqué ici que le triomphe du mal. Ce triomphe est certes bien visible de nos jours, puis un grand triomphe de la sainte Église, et ce grand triomphe obtenu par Marie.

N'est-ce pas comme un pressentiment des grands actes que vient d'ordonner le Pape Léon XIII en recommandant à l'univers catholique la récitation du Saint-Rosaire et prescrivant qu'après chaque messe tous les prêtres, à genoux au bas de l'autel, réciteraient avec le peuple trois *Ave Maria* et le *Salve Regina ?*

d'autres que mon âme voit et qui, n'étant pas de la terre, ne peuvent être dites avec le langage d'ici-bas...

30 juillet 1869. — Pendant que j'étais intimement unie à Jésus après Matines, j'ai entendu une voix intérieure qui me disait : « Le Ciel est infini- « ment éloigné de la terre, et l'homme aurait bien « difficilement pu y parvenir, malgré tous ses « efforts, si Dieu, dans son infinie bonté, ne nous « eût donné son Fils unique pour être notre che- « min, notre voie pour arriver au Ciel. Il est venu « nous frayer[1] cette voie par ses exemples et nous « la rendre facile par son amour... Il a raccourci « ce chemin en abaissant le Ciel et en élevant la « terre. »... En même temps, Jésus m'a fait comprendre qu'Il veut que je fasse connaître le plus que je le pourrai la douceur et l'amour de son Cœur... afin qu'étant mieux connu un plus grand nombre d'âmes le suivent[2].

. . . .

31 juillet 1869. — ... Jésus m'a dit : « Ma fille, « donne-moi ton baiser d'*épouse* »... Je ne saurais

1. Voir *Somme théologique* de S. Thomas, 3e part., quest. I, art. 2.

2. Dans une visite canonique, la Révérende Mère disait : « Je ne m'applique qu'à une chose, faire que mes filles aiment Jésus. » Elle avait parfaitement raison : quand, dans une Communauté, on aime Jésus, tout va très bien. Aussi elle prêchait sans cesse l'amour de Jésus. Mais quels accents ne savait-elle pas trouver pour parler de son Jésus !

redire la douce et vive émotion que j'ai éprouvée en entendant ces mots... J'ai senti le doux et tendre baiser de mon Époux, et mon âme a tressailli et a été enivrée d'amour...

L'aimable Sauveur a ajouté : « Donne-moi sou-
« vent ce baiser d'épouse qui réjouit mon Cœur...
« Tu le renouvelleras surtout chaque fois que, dans
« tes moments de peine et d'angoisses, *tu t'aban-*
« *donneras à moi*, comme tu le fais... Rien
« n'étant plus agréable et plus glorieux pour
« mon Cœur que cette pleine et entière soumis-
« sion, ce respect amoureux pour ma volonté,
« alors même qu'elle est crucifiante pour l'âme...
« Alors, ma fille bien-aimée, tu me donneras
« vraiment ton baiser d'épouse fidèle et aimante...
« Oh! qu'il y a peu d'âmes qui comprennent ces
« choses... c'est pour cela qu'il y en a tant qui
« se fatiguent beaucoup et qui n'avancent guère
« dans la perfection... Elles me privent ainsi d'une
« gloire que j'aurais le droit d'attendre de chacune
« d'elles [1]. »

14 septembre 1869. — Ce matin mon doux Jésus a transporté mon âme au Ciel, où je voyais la Croix du très aimable Sauveur toute resplendissante de lumière et de gloire... Ses rayons s'éten-

---

1. Combien ces paroles ne doivent-elles pas être méditées par les âmes qui veulent arriver à la perfection ! Il faut se les redire sans cesse à soi-même et les répéter toujours à celles qu'on a mission de conduire.

daient au loin, et illuminaient plus spécialement les âmes qui, sur la terre, avaient le plus aimé cette précieuse Croix, s'y étaient attachées avec générosité. et l'avaient portée avec amour à la suite du divin Maître... Je conjurais Jésus de me donner cette si chère Croix que j'ai toujours tant aimée et si ardemment désirée, lorsqu'Il a daigné me dire : « Ma fille, je t'ai donné ma Croix, mais « c'est *une Croix lumineuse!*... » je ne puis rendre ce que j'ai éprouvé... J'ai compris, en effet, que ce que je souffre ne ressemble pas à ce que j'ai souffert jusqu'ici... ce n'est pas de même nature... ce n'est rien qui afflige... qui abatte. C'est pourtant une douleur... mais cette douleur est seulement dans la partie supérieure de l'âme... Enfin, ce n'est pas la Croix du Calvaire, mais la *Croix lumineuse de l'amour*[1]... Je ne sais pas mieux m'exprimer...

1er octobre 1869. — Encore aujourd'hui mon bien-aimé Jésus a bien voulu venir au-devant de sa pauvre Épouse... A peine l'ai-je entendu entrer

---

1. La Très Révérende Mère a constamment été sur la Croix. Elle a porté des croix de toute nature, mais elle a subi pardessus tout le martyre de l'amour. Dévorée du désir d'aimer Jésus, elle avait toujours la crainte de ne pas l'aimer. Ce n'était pas un scrupule : cette faiblesse, cette lèpre de l'âme ne l'a jamais atteinte ; c'était la Croix de l'amour, Croix purement spirituelle, Croix réservée uniquement aux épouses préférées de Jésus, de ce divin Sauveur qui a constamment vécu d'immolations et qui veut bien les reproduire jusqu'à la fin du temps dans les sacrifices eucharistiques.

dans la cellule que mon cœur a été bien vivement
ému à son approche ; Il m'a saisi dès lors, et quand
Il est venu se poser sur ma langue, mon cœur était
déjà passé dans le sien et perdu dans son amour !...
Il m'a semblé être au Ciel où je voyais le très doux
Cœur de Jésus tout éclatant de gloire et de beauté...,
comme une fontaine inépuisable qui laissait couler
par torrents des grâces précieuses sur tous ceux
qui s'adressent à Lui, mais surtout sur moi qu'Il
aime d'une manière toute spéciale... Il m'a fait
sentir cet amour par des transports inexprimables... tout mon être en a tressailli.

J'ai vu, d'une manière bien claire, la grandeur
et l'élévation du prêtre, comme représentant le
Christ Lui-même sur la terre. Jésus m'a dit alors
en me parlant du prêtre : « O ma fille ! je veux vi-
« vre en lui et par lui, comme je vis pour lui..:
« Oh ! s'il comprenait bien sa dignité, qu'il serait
« saint ! Ma fille bien-aimée, prie-moi beaucoup
« à cet effet, surtout pendant cette retraite ecclé-
« siastique, afin que tous se renouvellent dans la
« ferveur et l'amour de leur sublime vocation...
« qu'ils en remplissent mieux les saintes obliga-
« tions... et que quelques-uns surtout rentrent sé-
« rieusement en eux-mêmes et s'efforcent de se
« rendre un peu plus semblables à Moi, afin que
« mon Cœur ne soit pas blessé par eux comme il
« l'est si souvent... » Il m'est impossible de rendre
toutes les émotions et les impressions que le doux
Jésus m'a fait éprouver...

3 octobre 1869. — Aujourd'hui j'ai pu descendre pour aller moi-même vers Jésus. Aussitôt que je me suis approchée de Lui, il m'a pressée tendrement sur son très doux Cœur... Oh! que ces divins embrassements sont ineffables!... Rien ne pourrait en exprimer la douceur et la suavité... Je sentais si bien la présence de mon unique Bien-Aimé... sa personne adorable... les battements de son Cœur... le baiser de sa bouche... son étreinte amoureuse... la douceur et la tendresse de son regard! J'étais comme anéantie par tant d'amour, et je cherchais en moi-même comment je pourrais y répondre, lorsque mon unique Jésus a daigné me dire ces paroles : « Je t'ai choisie pour une Œuvre « que tu feras en son temps, mais à l'heure actuelle « je ne veux de toi que l'amour, oui, rien que « l'amour... Je trouve, mon bonheur, ô ma fille! à « être aimé de toi!!! » Comment pourrais-je rendre l'impression que ces paroles m'ont fait éprouver? Cela m'est impossible...

O amour de mon Dieu! que vous êtes admirable... et que suis-je, Seigneur, pour que vous vous abaissiez ainsi jusqu'à moi, misérable ver de terre... poussière et cendre...

Avez-vous donc oublié, ô mon bien-aimé Jésus! que vous seul êtes Tout, et que moi je ne suis *rien, rien, rien!!*

. . . .

31 octobre 1869. — A peine Jésus a-t-il été

dans mon cœur ce matin qu'Il m'a dit avec tendresse : « Viens, ma fille, viens sur mon Cœur et
« laisse-moi entrer dans le tien, qui me reçoit avec
« amour... Il y en a tant qui me privent de cette
« consolation... Un grand nombre d'âmes croient
« beaucoup faire en me recevant souvent dans la
« sainte communion ; il leur semble que tout est
« là, et qu'elles me donnent une grande preuve
« d'amour en me forçant pour ainsi dire à entrer
« dans leur cœur ; et à peine y suis-je descendu
« qu'elles me laissent et s'occupent de mille autres
« choses qui ne sont que bagatelles et néant, et
« Moi, qui suis le Dieu du ciel et de la terre, qui
« ne me suis mis ainsi à la disposition de tout le
« monde, dans cet état d'anéantissement, sous
« cette vile forme d'un peu de pain, d'une blanche
« hostie, que par un excès d'amour ! pour me lais-
« ser manger par tous ceux qui me désirent !...
« faut-il, ô ma fille ! qu'un si grand nombre de
« cœurs se servent précisément de ce mystère
« d'amour où ils pourraient tant me consoler et
« me glorifier, pour m'affliger d'une manière si
« sensible pour mon Cœur si tendre et si ai-
« mant ! »

Je ne puis rendre l'impression que j'ai éprouvée
en voyant la souffrance qu'endurait le Cœur adorable de mon très doux Jésus...

. . . .

7 novembre 1869. — A peine ai-je été à la sainte

Table que mon esprit s'est perdu en Dieu... J'ai cru voir le Cœur adorable de mon unique Bien-Aimé pressé à droite et à gauche par deux colonnes de feu qui partaient de la terre, montaient directement à son Cœur sacré et lui causaient de vives souffrances. L'une de ces colonnes de feu représentait, ce me semble, les péchés innombrables qui se commettent sur la terre par les impies et tous les pécheurs en général, et qui montent sans interruption à chaque instant du jour jusqu'au Cœur de Jésus pour le blesser et le faire souffrir cruellement... L'autre colonne représentait les péchés, les négligences, etc., des âmes sacerdotales et religieuses, si sensibles au très doux Cœur de Jésus!... Cette vue m'a fait mal, et il m'a semblé que Jésus me disait que, placée entre ces deux colonnes, je devais en faire monter une troisième formée par un concert de louanges, de prières et d'amour qui, sans cesse, le glorifierait et apaiserait sa juste colère.

Me sentant plus près de mon Jésus et tendrement aimée de Lui, j'ai cru l'entendre me dire : « Ma toute-puissance est infinie, et cependant, ô ma « fille! il me serait impossible de ne pas t'aimer, « car je ne trouve en toi rien qui me déplaise. »

J'ai été bien émue, et mon cœur a tremblé à ces paroles dans la crainte d'être trompée; mais mon tendre Jésus m'a rassurée en m'éclairant d'un rayon de sa divine grâce, qui m'a remplie d'une paix et d'un calme si doux que j'en ai été comme enivrée, et qui, en même temps, m'a fait voir clairement ce que je suis de moi-même et ce que la grâce de Jésus a fait en moi... C'est son unique ouvrage dont je ne puis rien m'attribuer... Je me voyais en Lui... je le voyais en moi... et c'est bien, je crois, dans la lumière de Dieu même!...

12 novembre 1868. — J'éprouvais ce matin un ardent désir de m'unir à mon très aimé Jésus. A peine ai-je été à la Table sainte qu'Il a transporté mon esprit au Ciel devant le trône de la très sainte Trinité! Là, je me suis perdue dans cette ineffable contemplation. J'étais plongée dans un océan de douceurs, de calme et de paix que rien ne saurait exprimer; dans cet état, je ne pouvais que dire : O mon Dieu! que suis-je devant vous ?... Je ne suis RIEN... Et en répétant ces paroles, qui n'étaient que la faible expression des sentiments de mon cœur, j'étais on ne peut plus heureuse de m'humilier ainsi devant Celui qui est TOUT!... Et plus je m'abaissais, et plus aussi Il m'élevait jusqu'à Lui. « C'est vrai, m'a-t-Il répondu, tu n'es rien de « toi-même; mais je t'aime, oui, beaucoup, parce « que je suis bon!...» Ces paroles m'ont fait tressaillir d'amour, ont fait bondir mon cœur de la plus douce joie, et je lui redisais encore : « O mon très cher Amour, non, je ne suis rien devant vous, je le vois clairement; je ne suis qu'un ver de terre, un atome, un petit brin d'herbe qui occupe une petite place dans le champ de la religion où vous avez voulu me placer.» Aussitôt, il m'a semblé voir une magnifique prairie toute verdoyante ; je voyais, en effet, que chaque petit brin d'herbe n'est rien en lui-même, et pourtant tous ensemble forment ce tapis de verdure si agréable à la vue.

Jésus m'a dit avec une tendresse inexprimable : « Ma fille bien-aimée, tous ces petits brins d'herbe « paraissent tous la même chose, et pourtant je « les distingue chacun en particulier ; et puisque « tu te compares à l'un d'eux, je te vois parmi « tous les autres, et le tien m'est le plus agréable. « Vois, ma fille, regarde, et tu comprendras. »

J'ai vu, en effet, au milieu de cette prairie, ce tout petit brin d'herbe que Jésus me montrait : il ne paraissait pas plus élevé que ceux qui l'entouraient ; il semblait, au contraire, vouloir se courber plus bas que les autres ; mais il était d'un vert plus beau et plus brillant... En considérant ce brin d'herbe, j'y ai vu croître subitement une petite fleur blanche d'une rare beauté qui, parmi toute cette verdure, ressortait admirablement.

En même temps, le doux Jésus me disait, en me pressant sur son Cœur tout amour : « O ma fille ! « que je t'aime et combien tu m'es chère... Tu me « plais plus que les autres. Oh ! crois-le bien, mon « enfant, c'est Moi qui te l'assure. »

L'amour de Jésus remplissait tellement mon pauvre cœur qu'il m'était bien impossible de douter que je ne fusse tendrement aimée de Lui. Je le sentais trop bien !...

Ce soir, on m'a permis d'assister à l'office. J'étais heureuse de me trouver avec nos chères Sœurs. J'éprouve une si grande privation de ne pouvoir y être toujours! Je disais à mon Jésus, pendant la récitation du saint office : « Mon tendre Sauveur, gardez-moi, s'il vous plaît, afin que je ne sois point saisie et que je comprenne par là que votre volonté est que j'assiste tous les jours à l'office avec la Communauté; car, si je ne suis pas saisie ce soir, on me le permettra plus facilement. Je croyais bien, en effet, pouvoir terminer le saint office; mais, pendant les Laudes, j'ai senti un tremblement involontaire qui a fait palpiter mon cœur. J'ai lutté tant que j'ai pu; mais il est devenu si violent que je me suis laissée tomber. Mon esprit a été transporté au Ciel; j'ai cru voir mon très aimé Jésus m'attirant près de Lui avec amour; la voix de nos Sœurs, qui continuaient la psalmodie, me semblaient être la voix des Anges entourant le trône de l'Agneau, notre Epoux immaculé... Je croyais voir les dispositions de chacune de mes chères filles... et mon tendre Jésus les accueillait avec sa bonté ineffable...

. . . .

« Je ne t'enverrai, m'a-t-il dit, que des âmes « choisies spécialement par Moi... et qu'elles se- « ront heureuses, ma fille bien-aimée, de vivre « ainsi sous ta direction, non pas que tu sois capa- « ble toi-même de leur faire le moindre bien, mais « à cause de l'amour que j'ai pour toi; c'est Moi

« seul qui veux agir ici et ne me servir de toi que
« comme d'un tout petit mais bien cher instru-
« ment. C'est pourquoi, je te le répète, ces âmes
« qui vivront auprès de toi seront heureuses. Je
« t'aime tant, ô ma fille ! que j'aimerai aussi tous
« ceux qui t'aimeront ! comme aussi j'aimerai à
« cause de toi tous ceux que tu aimeras et au sa-
« lut desquels tu t'intéresseras... je les comblerai
« de mes grâces. »

« Chère enfant, m'a dit encore Jésus, tu es ma
« petite perle que j'aime... et qui me plaît... non à
« cause de ton mérite, car une perle ne peut avoir
« aucun mérite de ce qu'elle est estimée et qu'elle
« plaît à celui qui la possède ; de même, ma fille,
« l'amour que j'ai pour toi n'est qu'un pur effet de
« ma bonté, mais il ne peut être plus grand. Je te
« porte dans mon cœur et dans mes mains : dans
« mon cœur, quand je te fais reposer ; dans mes
« mains, quand je te fais agir... Et cette perle,
« étant ainsi toujours tenue par Moi, devient, par
« ce contact divin, chaque jour plus brillante et
« plus pure... »

. . . .

24 novembre 1869. — ... A peine Jésus a-t-il
été descendu dans mon cœur qu'Il m'a dit avec
tendresse : « Oh ! qu'il me tardait, ma fille, de ve-
« nir dans ton cœur ! Quoique tu te plaignes qu'il
« est froid et petit, je m'y plais plus que dans le
« saint Tabernacle, car je sais au moins que j'y

« suis aimé. » Ces douces paroles m'ont impressionnée, et je me suis perdue en les méditant. Puis
il m'a semblé que mon doux Jésus me disait, en me
donnant le pressentiment de la mort prochaine de
ma chère fille, Sœur Marie du Saint-Sacrement,
malade depuis peu de jours : « Ma fille bien-aimée,
« je te demande le sacrifice de cette âme qui t'est
« chère... Je veux cueillir maintenant cette petite
« fleur... Veux-tu me la donner ? » Quelle douleur
j'ai éprouvée à cette demande ! mais, me souvenant
de l'entier abandon que je lui avais fait de toute
chose, il n'y a que quelques jours, je le lui ai renouvelé de tout cœur, malgré les cris de ma pauvre nature, qui se sentait brisée par ce coup...
Jésus m'a fait comprendre en un instant combien
lui est agréable une âme qui se soumet sans réserve à sa très sainte volonté !...

30 novembre 1869. — ..... A l'occasion de la
fête de saint André, apôtre, j'ai entendu ces paroles :

« L'amour le plus vrai est celui qui s'attache à
« ma Croix et la fait porter avec un généreux cou-
« rage. En aimant la Croix, c'est Moi-même que
« l'on aime, puisqu'elle m'est unie inséparable-
« ment et que sur la terre j'en ai fait ma compagne
« fidèle. Je n'entre nulle part qu'avec ma chère
« Croix. Ce qui me plaît en ton cœur, ô ma fille !
« c'est le désir que tu m'as toujours témoigné de
« t'attacher à cette Croix, et l'amour qui t'a fait

« porter généreusement toutes celles que je t'ai
« envoyées [1]...»

. . . .

1. La Mère m'a souvent répété cette parole, qui est d'une
bien saisissante profondeur : « Jésus ne donne jamais une croix
sans y attacher une joie ». Les âmes qui acceptent généreusement la croix sentent infailliblement la joie qui s'y trouve unie ;
mais celles qui ne veulent pas la croix, qui se refusent obstiné-
ment à la porter, sont forcées à la subir, et alors elle est sans
consolation, sans joie.

CHAPITRE IV

Janvier 1870. — Juillet 1871.

Les années 1870 et 1871 furent témoins dans l'Eglise et dans le monde de bien grands événements. Plusieurs ont été aussi terribles que complétement inattendus. Aurait-on pu prévoir, au commencement d'août 1870, que l'Empire, que venait d'affermir le vote de tant de millions de suffrages, serait si subitement renversé, et que la France, naguère si puissante, devrait subir les humiliations d'un autre traité de Brétigny ? La promulgation du dogme de l'infaillibilité par le Concile du Vatican avait placé sur la tête de Pie IX une couronne de gloire incomparable, et quelques jours après, par la brèche de la *porta Pia*, la révolution entrait triomphante à Rome et renfermait le Pape prisonnier au Vatican. Cet état de choses n'a pas changé pour le successeur de Pie IX. Il dure depuis quatorze ans, et quand se terminera-t-il ?

Ces formidables événements, qui ont tous une immense portée religieuse, ne pouvaient ne pas impressionner puissamment l'âme de la Révérende Mère, qui aimait tant la France et ne vivait que pour la sainte Église. Nous devons donc nous attendre à en retrouver les traces dans son journal. Il en est, en effet, ainsi ; mais, cependant, avant de livrer à la publicité quelques extraits de ses écrits pendant ces tristes années, plusieurs explications importantes doivent être données :

1º Les bruits politiques pénétraient très peu dans le monastère, et la lecture des journaux était absolument interdite. Rien ne venait distraire la Révérende Mère de sa profonde solitude et la détourner des soins si multipliés qu'elle donnait à ses filles.

2° Guidée par un sens spirituel très délicat et très sûr, jamais, par une vaine curiosité, elle ne demandait à Dieu la connaissance des événements qui devaient s'accomplir. Dans une occasion, une autorité qu'elle crut devoir respecter l'ayant obligée à poser une question au divin Sauveur, elle n'obéit qu'avec la plus extrême répugnance. Elle avait en cela parfaitement raison, car si Jésus aime à découvrir quelquefois à ses Épouses préférées ses plus intimes secrets[1], elles ne doivent pas, cédant à une vaine curiosité, se permettre de l'interroger. La Révérende Mère était si remplie d'humilité qu'elle recevait avec le plus profond respect les impressions qui lui étaient communiquées ; mais, pour rien au monde, elle ne les eût demandées. Elle avait l'intuition

1. Voir saint Jean, XIV, 28 ; XV, 15, etc.

de tous les grands principes qu'enseigne saint Jean de la Croix sous ce rapport, et tenait infiniment plus à poser des actes d'amour, à porter sa croix avec résignation et à diriger ses filles vers la perfection qu'à la connaissance de tous les événements. Les impressions reçues, elle n'y pensait plus ; c'était un vrai supplice pour elle que de les écrire. Ce devoir rempli, elle les oubliait à peu près complètement :

4 janvier 1870. — En communiant, j'ai été saisie par le sentiment ineffable de l'amour de mon Jésus, qui m'a dit avec tendresse : « O ma fille ! je « me plais en ton cœur... Je suis heureux de notre « intime union... Mon amour fera en toi des mer- « veilles de grâces beaucoup plus grandes qu'en « plusieurs de mes saints, non pas tant par la « forme extérieure de ces grâces que par l'assis- « tance de mon divin Esprit dans l'Œuvre que je « te ferai accomplir... Ce qui me plaît en toi, c'est « que tu ne te préoccupes jamais de rien ; c'est « ainsi qu'il faut faire : vivre au jour le jour sans « penser au lendemain, mais seulement à accom- « plir à chaque instant ma divine volonté selon « les circonstances qui se présentent [1]... C'est moi

---

1. Comme c'est simple, comme c'est raisonnable ! Avec quelle liberté ne servirait-on pas Dieu, à quelle perfection n'arrive-rait-on pas, si on se pénétrait bien de ces paroles !

« qui t'ai fait cette grâce ; j'ai préparé ton cœur de
« manière à ce qu'il puisse répondre parfaitement
« au choix que j'en ai fait. C'est un vase que j'ai
« creusé et approprié de telle sorte que la liqueur
« de ma grâce et de mon amour, dont je le remplis
« sans cesse, ne puisse s'y corrompre ni s'y alté-
« rer par le moindre retour sur lui-même ni aucune
« pensée d'amour-propre. »

13 janvier 1870. — ..... « Depuis longtemps déjà,
« j'ai imprimé en toi ce baiser de ma bouche, et
« maintenant encore je veux l'y imprimer plus for-
« tement et plus sensiblement... Je me plaisais, ma
« fille, à l'imprimer dans toutes les âmes ; mais
« qu'il y en a peu qui n'effacent en elles les traces
« de ces divins baisers par leur négligence, leur
« manque de reconnaissance et leur peu d'amour[1].
« Pour toi, je t'aime avec une tendresse incompa-
« rable... je m'unis à toi... et je te tiens toujours
« près de mon Cœur... »

.   .   .   .

19 janvier 1870. — ..... « Prends courage, porte
« la croix que mon amour t'envoie, porte-la avec
« résignation et avec paix ; après que tu l'auras

---

1. Très peu d'âmes arrivent, en effet, à avoir l'amour que
Jésus demande d'elles. Ce peu d'amour vrai pour Notre-Seigneur est énergiquement condamné dans le Cantique des cantiques, chapitre VIII, verset 7. (Voir mes *Études exégétiques sur
le Cantique.*)

« ainsi portée et que par elle tu auras mérité les
« grâces que je te destine, elle-même te portera,
« car la croix donne une force nouvelle à ceux qui
« savent la porter. Après s'être appesantie sur toi,
« elle te soulèvera et te placera dans mon Cœur. »

.   .   .   .

Il m'a semblé voir dans le Cœur de Jésus un immense bassin d'eau très claire, pure comme le cristal et brillante comme de l'argent [1] ; ce bassin était
entouré d'anges qui, chacun, avait une communi-
cation directe avec nos anges gardiens, pour faire
couler dans chacune de nos âmes la grâce divine
figurée par cette eau pure et limpide. Cette grâce
de Dieu descendait dans notre âme par un canal
que tenait notre ange gardien, qui n'est autre que
sa divine assistance... mais j'ai vu que souvent
l'âme met dans ce canal mille petits embarras qui
empêchent que l'eau de la grâce puisse couler en
elle pour la rafraîchir et la purifier. Oh ! qu'alors,
de même que notre ange gardien, le doux Cœur de
Jésus, qui ne désire rien tant que de nous communiquer ses grâces, est blessé de ses résistances...

.   .   .   .

1. Dans les visions de l'Apocalypse (IV, 6, etc.), d'après l'ensemble des commentateurs (Voir mes *Études exégétiques sur
l'Apocalypse*), la grâce méritée par les immolations du Christ
est symbolisée par une mer dont les eaux sont pures et belles
comme le cristal. La grâce, la vie surnaturelle est exprimée
partout dans la sainte Écriture par l'eau vive. Il suffit de men-
tionner la vision d'Ézéchiel et la conversion de la Samaritaine
que rapporte saint Jean. (Ev., IV.)

25 janvier 1870. — « Ma fille, il faut que tu
« souffres encore un peu ; je dis un peu, parce que
« ta souffrance, ô mon enfant que j'aime, n'est pas
« de celles que j'envoie à tant d'autres âmes, c'est-
« à-dire que ta souffrance se ressentira de ma
« jouissance et que ta jouissance se ressentira de
« ma souffrance, afin que comme moi, pendant ma
« vie mortelle, tu ne souffres jamais sans jouir, et
« tu ne jouisses jamais sans souffrir [1]... »

..... Puis j'ai cru voir Jésus sous la figure d'un
jeune adolescent d'une beauté ravissante, revêtu
d'une tunique de laine d'une éclatante blancheur.
Il s'avançait vers moi en me tendant ses bras, et
me montrait son Cœur tout brûlant d'amour ; j'ai
cru l'entendre me dire avec sa bonté inexprimable : « Voilà, ma fille, de quelle manière j'ai revêtu
« ton âme de pureté, d'innocence et d'amour...
« c'est en cela que tu me ressembles... et c'est
« pourquoi je t'aime... »

. . . .

3 février 1870. — ..... « C'est Moi qui t'ai tracé
« la voie dans laquelle je te fais marcher. Je t'ai
« choisie par une Œuvre qui doit me glorifier, et

---

1. Je puis déclarer en toute vérité que cette parole a été
constamment vérifiée dans son âme. Elle n'a pas passé un seul
jour sans souffrir, et dans cette souffrance toujours vive, souvent très crucifiante, il y avait dans son cœur une paix inexprimable. Son âme ressemblait à un lac profond dont la surface
est sans cesse agitée et qui, dans les profondeurs, est toujours
calme et limpide.

« par laquelle tu apprendras aux autres à mieux
« me connaître... à m'aimer plus purement... et à
« me servir d'une manière plus digne de Moi... Ce
« qui me plaît en toi, c'est la liberté de cœur avec
« laquelle tu me sers... tu l'enseigneras à d'autres,
« car c'est ainsi que je veux être servi et aimé par
« la nouvelle génération que je veux me former
« par toi. »

. . . .

Puis j'ai senti une forte impression causée par
un trait de lumière qui a éclairé mon âme sur la
grandeur et la sublimité du caractère sacerdotal.
J'ai vu le prêtre comme un autre Christ sur la
terre... Oui, le prêtre doit être le type parfait de
Notre-Seigneur ayant la même mission que Lui à
remplir, il doit chercher à Lui ressembler dans toutes ses pensées, dans toutes ses paroles, dans toutes
ses actions, dans ses manières, dans son maintien,
enfin dans toute sa personne, afin que chacun puisse
voir dans le prêtre les perfections de Jésus lui-
même... Par là ce divin Sauveur sera glorifié
comme Il le désire. Mais ces choses si sublimes ne
peuvent s'exprimer : je me sens trop impuissante...

13 février 1870. — Dès que, par la divine communion, j'ai été unie à mon Bien-Aimé, j'ai cru
voir sa personne adorable assise sur un trône, tenant d'une main un *sceptre d'or*, et de l'autre plusieurs couronnes. — Un peu au-dessous de Jésus,
l'Auguste successeur de saint Pierre, le grand

Pie IX, tenant le même sceptre d'or que mon Jésus, de manière que sa main était tout près de la sienne, mais placée plus bas... Cette vue a éclairé mon âme, et lui a fait comprendre de grandes choses... J'ai cru en même temps entendre ces paroles :

« Je suis le Roi des rois, c'est Moi seul qui gou-
« verne tout dans le Ciel et dans tout l'univers...
« Les rois de la terre ont un sceptre comme le
« mien, mais ce n'est pas le mien ! ils gouvernent
« pour Moi et en mon nom, mais ils ne gouvernent
« pas par moi directement, comme le fait mon Vi-
« caire sur la terre, le successeur de Pierre, celui
« que j'ai établi Roi et chef de mon Église. C'est
« lui et lui seul qui gouverne par Moi ; le même
« *sceptre* de puissance, de force, de douceur et
« d'amour est dans sa main aussi bien que dans la
« mienne ; par lui il fait mes propres œuvres comme
« je les ai faites Moi-même... donc il ne peut se
« tromper... ce serait Moi qui me tromperais, puis-
« qu'il ne peut et ne fait rien sans Moi et que Moi
« seul le fais agir... Notre union est si grande que,
« tenant ensemble le même sceptre, nous semblons
« ne faire qu'un seul chef, seulement il est, lui, la
« partie visible, et Moi je suis la partie invisible...
« Mais si je n'ai qu'un seul sceptre, pour gou-
« verner mon Église, avec mon Vicaire sur la
« terre, j'ai plusieurs couronnes à distribuer à tous
« ceux qui se seront soumis avec docilité à ce
« sceptre d'amour plutôt que de domination... qui
« m'auront servi fidèlement ainsi que les intérêts

« de mon Église, et qui auront vaillamment com-
« battu pour elle. »

Ce que je viens d'écrire n'est rien comparé à ce
que j'ai compris au sujet de l'infaillibilité du Vicaire de Jésus-Christ.

3 mars 1870. — Mon pauvre cœur, toujours sec,
disait ce matin à mon Jésus : « O mon unique
amour ! quand je vous possède je ne sais vous rien
dire, et j'en suis affligée... Depuis quelque temps,
vous le voyez, je ne puis penser qu'au Concile...
Je ne sais si vous le voulez ainsi?..» Ce tendre
Sauveur a bien voulu me répondre : « Oui, ma
« fille, c'est ma volonté, je veux que tu sois uni-
« quement occupée de cela, et tout le temps que
« je le voudrai, jusqu'à ce que je t'occupe à l'Œu-
« vre que je te destine. » J'étais donc là, à genoux
en esprit, devant mon bien-aimé Jésus, partageant
avec Lui les souffrances de cœur qu'Il éprouve au
sujet du Concile. J'étais préoccupée de cela, et mon
âme était dans l'angoisse, lorsque j'ai vu devant moi
un magnifique parterre orné de mille fleurs diverses, et en même temps mon bien-aimé Jésus debout au milieu de ce parterre : toute sa personne
adorable resplendissait comme un soleil éblouissant ; il m'a semblé l'entendre me dire avec une
bonté mêlée de tristesse : « Ce parterre, ô ma fille !
« c'est mon Église sainte... le jardin de l'Époux...
« Toutes ces fleurs, de couleurs et de formes diffé-
« rentes, représentent les âmes, plus ou moins

« belles à mes yeux les unes que les autres, mais
« les âmes sacerdotales et religieuses sont les plus
« belles et les plus chères fleurs de ce parterre
« béni ; celles-là je les ai plantées et les garde au-
« près de Moi. »

Pendant que Jésus me parlait ainsi, je contemplais sa divine beauté... et son air de tristesse
me préoccupait ; mais sur sa parole j'ai baissé les
yeux pour voir ce qu'il voulait me montrer...
J'ai vu, en effet, autour de ce bien-aimé Sauveur,
une multitude de fleurs d'une très belle espèce, mais
j'ai bien vite compris pourquoi mon Jésus paraissait si triste : parmi ces fleurs, qui devraient être
si belles à cause de la bonne terre où elles sont
plantées et de leur bonne exposition, j'en ai vu plusieurs qui semblaient se flétrir peu à peu. Ces
fleurs préférées, qui auraient dû naturellement
être tournées vers Jésus, le divin Soleil, pour être
vivifiées par ses rayons bienfaisants, me paraissaient, à ce moment, recourbées sur leur tige à
demi desséchée, et tournées vers l'ombre, de
manière que le cœur de ces fleurs ne pouvait plus
recevoir un rayon de soleil... J'ai cru comprendre
que c'était surtout la figure des âmes sacerdotales
qui ne sont pas fidèles à demeurer tournées vers
Jésus, leur divin Soleil, et ne peuvent ainsi, fixant
la terre, ressentir la douceur ineffable du doux regard de Jésus... Oh ! pourtant, quand cet inexprimable regard de Jésus tombe sur une âme, que
ne lui fait-il pas éprouver !... Je le voyais, ce me

semble, à ce moment, et j'en étais ravie! Par l'expression de ce tendre regard, mon Jésus m'a dévoilé toute l'étendue de son amour pour les âmes... pour la mienne en particulier, et m'a fait comprendre toutes les tristesses de la sienne, si sainte et si pure! Oh! que cela m'a fait mal, et combien j'aurais voulu pouvoir le dédommager! Dans mon impuissance, je regardais autour de moi pour voir si parmi les fleurs de ce parterre il n'y en aurait pas, au moins, quelques-unes que je puisse lui présenter. Alors mon Bien-Aimé m'a montré plusieurs de ces fleurs qui, bien que mêlées avec celles qui se desséchaient, avaient conservé la pureté et la vivacité de leurs couleurs. Le Sauveur Jésus regardait ces âmes fidèles avec une tendre complaisance, et elles étaient réchauffées et vivifiées par cet ineffable rayon de chaleur et de vie divine. .

Cet aimable Sauveur m'a fait remarquer encore dans ce parterre, et tout près de Lui, une fleur plus belle et plus blanche que les autres ; son divin regard s'y est arrêté plus longtemps avec un inexprimable amour, et j'ai cru l'entendre dire : « Cette « fleur si pure, c'est ton âme, ô ma fille chérie... « Je l'aime d'un amour sans mesure; je l'ai choisie « pour me consoler et me dédommager en elle... « je l'ai façonnée comme je l'ai voulu... C'est « pourquoi je puis arrêter sur elle un regard de « complaisance, ce qui me permet d'oublier un ins- « tant la peine que tant d'autres me causent. »

. . . .

9 mars 1870. — Ce matin j'exprimais à Jésus avec plus d'ardeur que jamais la douleur que j'éprouve en compatissant à la sienne, causée par la conduite inexplicable de ceux qui s'éloignent de Pie IX et par conséquent de Jésus !...

J'ai vu l'imposante assemblée des évêques renfermée comme dans un cercle de fer, auquel étaient attachées des pointes aiguës qui venaient du dehors ; c'est-à-dire ces pointes traversaient ce cercle et s'avançaient en dedans de manière à blesser ceux qui s'en approcheraient de trop près.

Comme je viens de le dire, je voyais dans ce cercle tous les évêques groupés autour de Pie IX, qui se trouvait au centre.

Tous ceux qui étaient les plus rapprochés de cet auguste Pontife, par les sentiments de leur cœur, étaient couverts d'une nuée lumineuse qui les rendaient tous brillants, et leur âme jouissait d'une profonde paix et d'une sécurité parfaite... Tandis que ceux qui, par leur manière de voir ou par leur peu d'attachement au Vicaire de Jésus-Christ, s'en tenaient éloignés, allaient se heurter contre le cercle de fer hérissé de pointes. Ces pointes viennent du dehors, c'est-à-dire du monde, de son esprit, de ses maximes ; elles sont si aiguës qu'elles les blessent, les pénètrent de telle sorte qu'il leur est ensuite bien difficile de s'en arracher.

Je me sens impuissante à retracer ces choses telles que je les ai vues ; mais je veux obéir en les redisant aussi bien que mon impuissance me le permet...

. . . , ...

Pendant que je jouissais de l'union intime de mon Bien-Aimé, j'ai eu le sentiment de la présence de quelques-unes de mes chères enfants du Noviciat qui étaient auprès de moi; elles me baisaient les pieds, l'habit, le manteau. Ces marques de respect et d'affection ne me semblaient nullement être pour moi, mais bien pour mon Jésus, et je lui disais avec un vrai bonheur : « Voyez comme ces petites âmes vous aiment... bénissez-les et récompensez-les... » Je sentais bien, en effet, que cela ne m'ôte ni ne m'ajoute rien, et ne me rend pas meilleure... Par conséquent, ces marques de respect ne peuvent me donner la moindre pensée de vanité, car, je le répète, c'est Jésus Lui-même que l'on croit voir en moi, sa pauvre épouse, et j'en suis très heureuse parce que je désire beaucoup que mon Jésus soit aimé ! oh ! oui, je le désire du plus intime de mon âme !...

. . . .

. . . .

18 mars 1870. — ..... Il me semble voir devant moi comme un lac profond dans lequel est une eau claire, limpide et brillante... Si on jette une pierre sur cette eau pure et calme, loin de la repousser, cette eau, au contraire, lui fait doucement place pour la laisser arriver jusqu'au fond, et reprend aussitôt son calme; tandis que lorsqu'on met un vaisseau sur la surface de cette eau tranquille, quoique mille fois plus lourd qu'une pierre, il est supporté très facilement par la force de cette même eau. J'ai cru comprendre que ce devait être là l'image de mon cœur qui doit toujours être pour Dieu comme une eau très claire et limpide, laissant passer avec la même facilité qu'elle toutes les pierres de la souffrance, de quelque part qu'elles me soient jetées, les gardant au fond de mon cœur sans murmure et reprenant tout de suite ma sérénité ordinaire, que le passage de la douleur aurait pu troubler un instant; puis supporter, avec la force que donne l'amour, toutes les misères et les ennuis de la vie, les sollicitudes de la conduite des âmes, les contrariétés de tout genre, etc...

. . . .

19 mars 1870. — ..... « Par toi, ma fille chérie, « j'attirerai les âmes sur mon Cœur... je donnerai « une plus vive lumière à leur intelligence... une « plus grande force à leur volonté... et un plus ar- « dent amour à leur cœur.

. . . .

..... Il m'a semblé voir tout à coup, pendant que je priais, un épi de blé dans sa parfaite maturité, et cependant se tenant encore très droit sur sa tige; le vent violent qui soufflait autour de lui ne le faisait pas plier, mais seulement doucement balancer en lui donnant une grâce et une beauté nouvelles... Il avait la couleur de l'or le plus pur, et les rayons du soleil le rendait tout brillant...

J'ai eu le sentiment intime et profond que cet épi que je voyais si beau et si mûr était la figure de notre bien-aimé Pontife Pie IX, qui, malgré son âge avancé, est encore plein de vigueur pour combattre l'erreur et le mensonge et a cette force que donne la sainteté... Les violents efforts de l'enfer ne le font pas plier, ils ne font, au contraire, que faire ressortir en lui cette beauté admirable et ravissante que lui donne ce calme imperturbable, cette douceur et cette bonté qui le caractérisent, malgré les poignantes douleurs qu'il endure.

Les brillants rayons du divin Soleil de justice le rendaient éblouissant... J'ai cru entendre ces paroles : « On ne comprendra la bonté et l'excel-« lence de cet épi, de ce pur froment, qui est « Pie IX, que lorsqu'on s'en sera nourri... c'est-à-« dire que tous ceux qui croiront fermement tout « ce qu'il doit révéler au monde, qui lui seront « unis par la même foi et le même amour, seront « nourris par Lui du grain de la plus pure vérité, « émanée de Dieu même. Oh ! qu'heureux sont ceux « qui comprendront et qui goûteront la bonté et « l'excellence de cette céleste nourriture qui fait « vivre éternellement..... »

26 mars 1870. — ..... J'ai cru voir comme un torrent impétueux s'échappant avec force et en même temps avec calme de la cime des rochers, se répan-

dant sur la terre et se faisant passage à travers tous
les obstacles pour arriver jusque dans les lieux les
plus éloignés et les plus bas. Je voyais cette eau
limpide se diviser en plusieurs petits filets et descendre avec une rapidité que rien ne pouvait arrêter. Si cette eau rencontrait un rocher, elle ne
pouvait pas le franchir, mais elle passait à côté et
n'en continuait pas moins sa marche. Si, au contraire, elle rencontrait un endroit creux, cette eau
s'arrêtait un instant pour remplir cette petite ca-
vité, et ne continuait à couler que lorsqu'elle ne
pouvait plus être contenue... Partout où passait
cette eau elle y laissait des traces plus ou moins
apparentes : sur les pierres elle ne faisait que glis-
ser...; sur la terre trop sèche, elle ne mouillait que
la surface, mais 4 certains endroits, et dans les
plus petites fentes, elle s'infiltrait et rafraîchis-
sait la terre...; dans les creux, elle s'arrêtait...
mais sur la terre bien travaillée et fraîchement
remuée, elle s'y imbibait, et sa fraîcheur la vivi-
fiait tellement qu'elle la rendait très féconde et
lui faisait produire des fleurs et des fruits de toute
espèce... Il m'a semblé que cette eau tombant si
rapidement de sur ces cimes escarpées était la
figure des grâces abondantes qui coulent comme
par torrent de la plaie d'amour du Cœur de Jésus.
Les différentes dispositions des âmes pour recevoir
la grâce me semblaient parfaitement représentées
par les différents endroits par où passait cette eau
mystérieuse.

9 avril 1870. — ..... « Ma fille, tu me plais en
« t'abaissant devant Moi. J'augmenterai toujours
« ton humilité par la vue de ma Grandeur... ta
« reconnaissance par la vue de ma bonté pour toi...
« et ton amour par la vue de mon excessive ten-
« dresse...

« ..... Je ne trouve en toi aucune opposition à
« ce que je veux y faire; c'est pourquoi tantôt je
« t'élève, en te comblant de mes faveurs les plus
« précieuses, et tantôt je semble vouloir t'abaisser
« par la privation de ces mêmes faveurs, en te
« laissant dans la peine et la souffrance.

. . . .

« Marche, marche toujours, ô ma fille! marche
« sans t'arrêter dans ce chemin obscur dans lequel
« je te place en ce moment; traverse-le avec
« courage, et tu arriveras par là à la Montagne de
« la Myrrhe, où tu me trouveras non pas crucifié,
« mais triomphant et glorieux... Je te ferai vi-
« vre avec Moi de cette vie de triomphe et de
« gloire... »

. . . .

14 avril 1870 (jeudi saint). — ..... « Je veux me
« servir de toi, ma fille, comme d'un hameçon pour
« prendre des âmes et les attirer plus près de mon
« Cœur!... »

A ces paroles, mon âme se trouva subitement
éclairée pour en saisir le sens, comprendre leur
justesse et voir en même temps ce que je suis de

moi-même, c'est-à-dire RIEN... que, par conséquent, le bien que je pourrai faire ne viendra que
de Jésus, qui le fera seul...

Je ne serai, comme me l'a dit mon Jésus, qu'un
petit hameçon, bon à rien de lui-même, mais utile
lorsqu'on y met un appât. Je ne serai que cela, et
mon Jésus sera l'appât... Par moi, Il veut se laisser apercevoir aux âmes qui sont la proie que je
dois prendre... Mais de quoi peut se glorifier l'hameçon? S'il réussit à amener les proies que l'on
veut prendre, c'est qu'il a été jeté habilement par
celui qui le tient... Et s'il en prend un grand nombre, c'est que celui qui l'a jeté si habilement a su
encore en quel endroit il serait lancé plus utile-
ment et plus fructueusement.

. . . .

Aujourd'hui, j'ai cru voir le Cœur tout aimable
de mon unique Jésus comme un divin Soleil, laissant tomber sur mon âme un de ses brillants rayons
qui la purifient et la rendent lumineuse. Je me suis
souvenue de ce que me disait Jésus hier : que du
Soleil de son Cœur part un rayon particulier pour
chacune des âmes qui sont sur la terre. Ce doux
Sauveur m'a dit, et surtout bien fait comprendre,
que le péché dans une âme est un obstacle à la
lumière de ce divin rayon qui veut l'éclairer et
comme un nuage épais qui l'obscurcit et parfois le
cache entièrement... qu'en mon âme il n'en a jamais été ainsi, qu'il n'y a eu aucun obscurcisse-
ment, mais seulement des nuages très légers qui

n'ont fait que passer rapidement... que c'est pour
cela que sa grâce ne cesse de couler sans interruption dans mon âme... Mon très aimé Jésus m'a
encore montré, d'une manière que je ne puis rendre, les différents effets de la grâce dans les âmes
plus ou moins bien disposées. Il m'a donné la comparaison de l'encens : « Ma fille, m'a-t-Il dit, quand
« on jette de l'encens sur la terre, il demeure tel
« qu'on l'a jeté ; on peut le voir, mais il ne produit
« rien... Si on le jette dans le sable ou la cendre,
« il ne produit rien non plus... il s'y perd et se
« cache... Mais si on le jette sur du feu, aussitôt il
« s'élève en fumée vers celui qui l'a jeté... il exhale
« son suave parfum, et semble vouloir le rendre à
« celui qui le lui a donné... la fumée de cet en-
« cens ne va pas, en effet, vers la terre ni ne se
« dirige d'aucun côté, mais elle monte vers Moi,
« sans que rien l'arrête, comme pour m'exprimer
« sa reconnaissance... Ma grâce a toujours pro-
« duit cet heureux effet dans ton âme, parce que
« j'y ai Moi-même allumé le feu divin capable de
« brûler l'encens et d'en faire monter vers mon
« Cœur le doux et suave parfum... »

15 avril 1870 (vendredi saint). — ..... Pendant
l'office de ce matin, je ne cessais de penser au
bonheur du prêtre qui, seul aujourd'hui, a l'ineffable consolation de communier... Je me résignais
à cette privation, lorsque tout à coup, pendant que
le prêtre disait le *Domine non sum dignus*, mon

pauvre cœur, vivement ému, a été saisi par l'action de Jésus, et mon âme s'est perdue en Lui....

..... Une clarté subite m'a illuminée, et j'ai cru me voir en présence de mon tout aimé Jésus, portant dans ma main droite une branche de lis d'une beauté et d'une blancheur incomparables... et dans ma main gauche une branche qui ressemblait à du cyprès, mais verdoyante et couverte d'une multitude de petites fleurs très blanches...

..... La branche de lis était penchée et appuyée sur mon épaule; j'éprouvais à sa vue et à son contact une impression de bonheur et d'allégresse inexprimables qui faisait tressaillir tout mon être.

Il m'a semblé alors entendre la voix de mon Bien-Aimé, qui me disait que ce beau lis porté par ma main droite était la figure de la pureté si grande que Lui-même avait mise en moi... pureté qui était si bien passée dans tout mon être que c'était ce qui m'unissait à lui d'une manière si intime... que la branche de cyprès si bien fleurie que je tenais dans ma main gauche, et qui, au lieu de reposer sur mon épaule, était tournée et penchée vers Lui, représentait l'Œuvre que je dois faire... qui nécessitera de la peine, de la douleur, mais qui aussi donnera de la joie... que toutes ces petites fleurs blanches représentaient les chères âmes que je lui amènerais, que j'aurais à les lui conserver en les plaçant souvent sous l'action vivifiante du soleil de son très doux Cœur, si brûlant de charité...

Je ne puis exprimer toutes ces choses mystérieuses, ni redire les consolations qu'elles ont apportées à mon âme...

. . . .

27 avril 1870. — Pendant que mes yeux se reposaient sur les doigts bénis du prêtre, j'ai cru en voir sortir tout à coup des rayons de lumière qui ont éclairé mon âme et l'ont fait tressaillir... Je voyais mon très cher Bien-Aimé sous la forme d'une belle et blanche Hostie... Au même instant, cette divine Hostie s'est changée en une Croix, sur laquelle était mon Jésus crucifié... Cette vue m'a fait pousser un cri de douleur... Je ne puis dire ce qui s'est passé en moi et la peine que j'ai ressentie!... Jésus m'a fait comprendre par là ce qu'Il souffre dans les cœurs où Il est mal reçu et bien souvent crucifié !... Depuis ce moment j'ai toujours devant les yeux cette Hostie lumineuse! Et dans cette même Hostie je vois mon doux Jésus tantôt glorifié... et tantôt crucifié...

3 mai 1870. — ..... Pendant que je pensais à des âmes qui me donnent de la sollicitude, Jésus m'a fait entendre ces paroles : « Ne t'inquiètes pas, ma « fille... c'est Moi qui en prend soin... Repose-toi « sur moi pour cela... Je choisirai toujours Moi- « même les âmes que je veux ici... Je ne permet- « trai jamais que tu en reçoives aucune que je ne « veuille et qui ne soit ce que désire mon Cœur « pour cette communauté... »

. . . .

Mon doux Sauveur a murmuré à l'oreille de mon cœur, avec un amour inexprimable, ces douces paroles : « Ecoute, ô ma fille bien-aimée! les « paroles que je vais te dire : Je suis la blanche « Aurore qui, dès tes premiers pas dans la vie, t'ai « éclairée et guidée de manière à te faire bien « voir et connaître le chemin qui mène à mon « Cœur... Je t'ai fait marcher dans ce chemin, et « peu à peu cette Aurore est devenue pour toi « plus brillante, en attendant le lever du Soleil « qui doit t'éclairer avec une splendeur nouvelle... « et qui te préparera à pouvoir contempler un « jour la beauté de ce divin Soleil pendant toute « l'éternité. »

A la lumière de mon Jésus, j'ai compris qu'Il voulait faire allusion aux grâces dont Il n'a cessé de me combler successivement depuis mon enfance, et à celles qu'Il me réserve dans l'Œuvre qu'Il veut que j'accomplisse... et puis dans l'éternité!...

Oh! quand irai-je dans cette bienheureuse Éternité! quand contemplerai-je mon Jésus sans voile et sans nuage!...

En attendant, je n'ai qu'un seul désir : accomplir en tout, ici-bas, sa très sainte et très adorable Volonté... Cette seule pensée me transporte! Il me semble que mon bonheur sera bien grand au ciel, parce que sur la terre je n'aurai voulu, aimé, recherché et pratiqué que cette très aimable Volonté de mon Jésus!!...

12 mai 1870. — En pensant à la mission que les prêtres ont reçue de faire connaître notre doux Jésus, j'ai entendu sa voix me dire avec un accent de grande tristesse : « Je souffre bien de ce que « tant de prêtres n'emploient pas le temps asséz « sérieusement, et en perdent une trop grande « partie en des choses qui, sans être mauvaises en « elles-mêmes, sont bien inutiles pour des hom- « mes uniquement employés à mon service, et « dont la vie devrait être différente de celle des « autres hommes... N'étant pas assez pénétrés de ce « qu'ils doivent *aux âmes*, ils les privent, sans « s'en douter, d'une nourriture dont elles ont be- « soin ! »

. . . .

. . . .

16 mai 1870. — Ce matin, après la sainte com- munion, pentant que j'étais saisie, Jésus m'a fait souvenir d'une âme qu'Il veut attirer tout à Lui, et qui résiste pourtant, craignant de falloir trop s'abaisser pour trouver le doux Jésus qu'elle a perdu, parce qu'il lui en coûte trop de le chercher où Il est... Je priais pour cette âme... J'ai vu alors mon Bien-Aimé comme un Roi magnifique qui se plaît quelquefois à venir visiter, dans les diffé- rents appartements de son palais, les âmes qu'Il aime et qu'Il veut attirer plus près de Lui... Mais Il appelle chacune dans un appartement diffé- rent... chacune doit se rendre pour le trouver là où Il daigne l'attendre... Il ne faut donc pas vouloir entrer dans l'appartement des autres, sans quoi on ne trouvera pas Jésus, parce qu'en effet Il n'y est pas pour soi, mais aller seulement dans celui qu'Il a Lui-même désigné... qu'il soit haut ou bas, peu importe.., J'ai vu clairement que pour l'âme qui m'occupait, Jésus était descendu, pour l'attirer à Lui et l'unir plus étroitement à son Cœur, dans l'appartement le plus bas de son palais... Mais cette pauvre âme ne peut se résigner à descendre les quelques degrés qui la séparent de son Jésus... elle voudrait monter plus haut... et résiste pour descendre... Peut-être rougit-elle d'être appelée là et pas ailleurs .. Cependant Jésus y est descendu le premier!... C'est là qu'Il l'attend... là seulement qu'elle le retrouvera... Je ne puis dire tout ce que j'ai compris, et combien a été claire et lumineuse pour moi cette vue que Jésus m'a donnée sur l'humilité...

. . . .

. . . .

20 juillet 1870. — J'étais unie à mon Jésus et j'ai vu à sa lumière divine les maux qui vont fondre sur la France!... Il m'a fait comprendre que cette chère patrie a besoin d'être humiliée; que la guerre qui vient de se déclarer avec la Prusse servira à cela et en même temps à purger notre cher pays bien malade, qui a besoin d'un remède énergique pour le guérir et le mettre dans un état qui le rende capable de recevoir avec fruit les divins enseignements qui vont lui être donnés par le saint Concile... Ce divin Sauveur m'a montré encore que c'est par un dessein tout particulier de sa *divine Providence* que cette guerre coïncide avec le Concile... Elle se servira de ces deux grands événements, ainsi que de plusieurs autres, pour renouveler et éclairer le monde entier...

. . . .

J'ai beaucoup prié pour la sainte Église, notre Très Saint-Père... la France, pour laquelle, je le sens, Jésus a des prédilections qu'Il n'a pas pour d'autres nations [1]...

. . . .

25 juillet 1870. — ..... La France souffrira... elle sera châtiée ; mais Jésus, dans sa bonté, ne permettra pas qu'elle périsse, j'en ai la ferme confiance... comme aussi celle que le Concile apportera un très grand bien au monde entier, malgré les difficultés présentes, malgré le commencement de révolte et presque de schisme qui pourra se produire, mais qui ne s'étendra pas loin [2]. La guerre

1. Je suis prêt à déclarer, sous la foi du serment, que ces vues ont eu lieu les jours mêmes indiqués par les dates précises. Du reste, l'état du manuscrit en fournirait au besoin une preuve irrécusable.

2. Plusieurs fois la Révérende Mère m'a parlé d'un commencement de schisme qui avorterait. Elle renouvela ces affirmations immédiatement après la Commune. Comme la proclamation du dogme de l'infaillibilité du Pontife romain avait été

qui vient d'être déclarée si subitement est un des moyens dont Dieu se servira pour détourner un grand nombre d'âmes de se laisser entraîner par ces idées de révolte [1]...

8 août 1870. — Depuis que je possédais Jésus dans mon cœur, j'avais fait plusieurs efforts pour prier pour la France ; j'aurais voulu que ma pensée s'arrêtât là, mais cela m'était impossible. Comme j'en exprimais ma peine à mon Jésus, j'ai cru l'entendre me dire : « Sois tranquille, ma fille, « tu dois me prier pour la France, c'est vrai ; mais « tu le fais comme je veux que tu le fasses, et tu

acceptée partout, je ne voyais pas d'où pourrait venir ce schisme. Le changement subit et imprévu de M. de Bismark, la nomination du docteur Falk au ministère des cultes de l'empire d'Allemagne, donnèrent une force très grande à ces prêtres apostats qui s'appelaient vieux-catholiques. Je compris alors la portée des prédictions de la Mère. Mais aujourd'hui, comme me l'avait dit la Mère, le schisme des vieux-catholiques a disparu, et la persécution contre l'Église, que la Prusse avait inaugurée, n'a fait que retremper le clergé allemand et donner une force nouvelle au catholicisme. Les lois persécutrices de mai 1873 et 1874 sont retirées de fait. Et le puissant chancelier, devant lequel s'incline l'Europe, a été forcé de reculer. On criait à tue-tête qu'il n'irait pas à Canossa, et aujourd'hui il y est.

1. Ces paroles, écrites le 25 juillet 1870, sont très remarquables. Si le deuxième empire n'avait disparu dans le désastre de Sedan, il est bien à craindre que la proclamation du dogme de l'infaillibilité eût soulevé de grandes difficultés, et que la soumission des esprits n'eût pas été aussi complète et aussi absolue que nous l'avons vue. Pour qu'une telle soumission pût se produire, alors que cette doctrine avait été discutée d'une manière si passionnée par la presse, il fallait que la Providence frappât un grand coup.

« ne dois pas te préoccuper d'autre chose : tout
« tournera à ma gloire et au bien des âmes... C'est
« plus important de s'occuper de mon amour que
« de tout ce qui se passe dans le monde... Je te le
« répète, ma fille, prie beaucoup pour la France,
« mais sois tranquille. »

Rien ne saurait exprimer la joie de mon âme en entendant ces suaves paroles de mon très doux et très tendre Sauveur...

10 août 1870. — ..... J'ai vu encore la France entière toute bouleversée, Paris surtout dans un grand désordre : brûlé, pillé, saccagé...

Notre Empereur sera PUNI d'avoir si mal agi vis-à-vis de Rome et d'en avoir retiré les troupes [1]...

. . . .

1. Il faut remarquer la date. Nous avions alors, il est vrai, essuyé les premiers revers ; mais qui aurait pu prévoir une invasion aussi terrible que celle dont nous avons été témoins? Invasion bien plus humiliante et bien plus désastreuse que celle du premier empire. Quel châtiment que celui qu'a subi Paris par les Prussiens et par la Commune !... Il faut remarquer aussi ce qui est dit de Napoléon III. Le retrait des troupes de Rome a été le dernier acte d'une série d'attentats contre la Papauté, accomplis librement et que rien ne rendaient nécessaires. L'unité italienne a été faite par l'Empereur, et visiblement la France avait tout à perdre et rien à gagner à cette unité. L'unité allemande, qui nous a écrasés, a été la conséquence et le châtiment de l'unité italienne. Les fautes qui ont été commises dans les dernières années du second empire, qui ont abouti aux désastres de Sedan, sont si visibles et si grossières qu'il est difficile de ne pas voir la main de Dieu qui châtie les nations en aveuglant ceux qui les conduisent.

25 août 1870. — ... « Oui, ma fille, ta voix est
« trop perçante à mes oreilles et trop douce à mon
« Cœur pour que je n'entende pas ta prière et que
« je ne l'exauce pas ! » Enhardie par cette bonté
de mon divin Jésus, j'ai continué à lui parler
ainsi : « Mon Bien-Aimé, faites donc miséricorde
à la France... ne la punissez pas comme elle le
mérite, apaisez votre juste colère... jetez sur elle
un regard de compassion... convertissez-la. Je vous
le demande par votre sainte Mère, qui l'a toujours
tant aimée et protégée !... » Et, m'adressant à la
Vierge Marie, je lui ai dit : « O ma bonne Mère !
vous qui vous êtes toujours montrée si libérale, si
compatissante et si tendre pour ma chère Patrie,
l'abandonneriez-vous maintenant qu'elle est dans
un danger si pressant de se perdre ? Venez donc à
son secours, ô ma Mère ! vous en êtes la Reine et
la Maîtresse absolue...N'oubliez pas que ce royaume
vous est spécialement consacré... que depuis peu
encore on a élevé au Puy une statue en votre honneur, sous le vocable de Notre-Dame de France,
afin que du haut de ces monts vous la gardiez et la
protégiez toujours, etc... A son tour, la France
vous aime, ô Mère ! et elle vous aimera mille fois
plus encore, si vous la sauvez. »

Alors j'ai cru que la Vierge Marie me répondait
avec une bonté inexprimable : « Oui, ma fille,
« j'aime bien la France, je lui en ai donné bien
« souvent la preuve... et c'est parce qu'elle m'aime
« aussi qu'elle sera sauvée par mon intercession

« toute-puissante sur le Cœur de mon Fils Jésus.
« Mais vois, ma fille. » — Et aussitôt, me tournant
vers le Cœur de mon très aimé Jésus, près duquel
je me reposais si doucement, il m'a semblé que j'y
pénétrais jusqu'au plus intime ; je voyais les douleurs infinies de ce Cœur adorable. En même
temps, je l'entendais me dire :

« Je ferai encore grâce à la France, en faveur de
« ma sainte Mère ; mais vois ce que font endurer à
« mon Cœur les fautes de cette pauvre France, que
« j'avais pourtant comblée de tant de grâces... Si
« tu m'aimes véritablement, enfant chérie, tu dois
« être contente de ce que je tire vengeance de ces
« crimes que je ne puis plus supporter... »

. . . .

29 août 1870. — ..... Jésus m'a fait comprendre
encore combien les âmes affligent son tendre
Cœur en ne le visitant pas dans le saint Tabernacle... en ne venant pas l'y consoler... C'est surtout
le prêtre qui le devrait mieux que personne. C'est
lui qui a la charge toute spéciale de garder Jésus...
de lui tenir fidèle compagnie... Lui qui, par sa parole puissante, au divin sacrifice, l'a fait descendre du Ciel... C'est lui qui l'a renfermé dans le sacré Tabernacle... sous clef, comme un criminel...
Prisonnier volontaire pour notre amour !..... Le
prêtre le sait bien ; il devrait donc aussi plus que
les autres venir fréquemment visiter Jésus dans
sa prison d'amour ! afin de le consoler, de le dé-

dommager, de lui demander grâce pour tous ceux qui l'offensent... car c'est là sa mission. Vivant si près de Lui, n'ayant d'autre charge que celle de le garder, de le faire connaître et aimer, n'est-il pas bien coupable lorsqu'il néglige son divin Prisonnier pour passer son temps en des visites inutiles qui n'ont pas pour but spécial la plus grande gloire de Dieu et le bien des âmes ?...

. . . .

11 septembre 1870. — Subitement j'ai cru entendre la voix de mon bien-aimé Jésus, qui m'a dit fortement : « Maintenant, ma fille, les Pari-
« siens s'entourent de mille précautions ; ils pren-
« nent tous les moyens pour fermer toutes les
« portes aux ennemis qui viennent de ma part
« pour les châtier... Ah ! s'ils avaient mis le même
« soin à fermer les portes aux ennemis de leurs
« âmes, bien autrement redoutables que ceux-ci,
« ils ne seraient pas réduits aujourd'hui à une
« telle extrémité... Aux démons, ils ont non seu-
« lement ouvert toutes les portes, mais ils les ont
« encore accueillis comme des amis, et leur ont
« donné le pouvoir et la facilité de faire tout le
« mal qu'ils ont voulu... Aujourd'hui le mal est à
« son comble, je ne puis plus le supporter... Les
« moyens humains qu'ils prennent pour se garan-
« tir de ma colère ne leur serviront de rien : la
« prière seule *et le changement de vie* peut la
« désarmer !... »

12 septembre 1870. — ..... « Ne t'inquiètes de
« rien, ô ma fille! sois bien tranquille... C'est Moi
« qui te garde, toi et tous ceux qui te sont chers...
« Pourquoi crains-tu?... Ne sais-tu pas combien je
« t'aime?... as-tu oublié ce que je t'ai promis? »

. . . .

26 septembre 1870. — « Je suis venu dans ton
« cœur pour en faire un sanctuaire et un taberna-
« cle, où je puisse me reposer et demeurer au
« milieu du troupeau que je t'ai confié; je veux
« être pour chacune de tes filles, non seulement
« dans le Tabernacle de l'autel, mais encore dans
« le tabernacle vivant de ton cœur, où elles puis-
« sent me voir et m'entendre plus facilement,
« vivant au milieu d'elles et leur communiquant
« ainsi, par toi, mes lumières et mes grâces. »

4 octobre 1870. — Je sentais mon cœur serré
par la crainte de déplaire à mon doux Jésus. Il a
daigné me dire ces paroles : « Ma fille bien-aimée,
« sois sans crainte, il est impossible que tu me dé-
« plaises, parce que tu es tout à moi; comme
« l'épouse qui fait tout pour son Époux bien-
« aimé... l'amour transforme tout en or... Ne sais-
« tu pas que ta faiblesse est dominée et remplacée
« pour ainsi dire par ma puissance et ma force
« d'amour? »

. . . .

8 octobre 1870. — Ravie sur le Cœur de Jésus, j'ai cru voir un Ange vêtu de blanc d'une grande beauté. Il tenait dans sa main un petit réservoir, duquel il faisait couler sur la terre une eau pure et limpide, blanche et brillante comme de l'argent. La terre sur laquelle tombait cette eau était couverte de ruines, de cadavres, de sang et de boue... Cette eau divine purifiait la terre à mesure qu'elle y tombait... Jésus ne m'a rien dit ; mais une lumière intérieure m'a fait comprendre que notre pauvre France n'est qu'un amas de ruines... que l'Ange du Seigneur viendra la purifier en faisant tomber sur elle, du Cœur même de Jésus, l'eau pure de la divine grâce, pour la laver de ses souillures, la guérir de ses maux et lui donner une nouvelle vie...

.   .   .   .

Jésus m'a fait ensuite entendre ces paroles : « Ma fille, on n'est jamais trompé dans ses espé- « rances quand on se confie en Moi, qui suis le « Tout-Puissant... La France est à moi... et je « l'aime !...

.   .   .   .

18 octobre 1870. — Ce soir, j'ai cru voir la blanche Hostie sous laquelle Jésus se cache dans son Sacrement d'amour. Ce doux Sauveur me disait qu'Il est bien outragé dans ce divin Sacrement, et qu'Il veut y être consolé, dédommagé et surtout plus aimé... Qu'il en serait ainsi plus que jamais après le triomphe de l'Église, car ce sera par l'Eucharistie qu'Il vivifiera les âmes, les comblera de grâces et les transformera, afin que réellement elles forment un monde nouveau et un peuple d'élus… Alors une multitude de petites lumières dans un lieu obscur et ténébreux ont attiré mes regards. Chacune de ces lumières ne semblait brûler que pour elle-même; leur clarté ne se répandait pas autour d'elles, de sorte que, malgré leur nombre, l'obscurité demeurait aussi profonde… J'étais fort surprise; je me demandais comment il se faisait que ces lumières ne puissent briller, puisque c'est dans l'ombre, et non en plein jour, que les lumières brillent d'ordinaire. Ici, c'était tout le contraire… Je vis bientôt que ce qui empêchait l'effet de ces lumières était des vapeurs qui s'élevaient et formaient des nuages noirs et épais autour de ces flambeaux.

Jésus m'a fait comprendre alors que l'Europe entière, la France surtout, était en ce moment plongée dans les plus affreuses ténèbres… Que les lumières que je voyais représentaient les saintes âmes qui sont en France et qui sont destinées à l'éclairer, mais dont l'éclat est obscurci et paralysé en ce moment par les épais brouillards qui les environnent… Il m'a semblé que la France, renouvelée par tous les malheurs qui l'accablent, verrait se dissiper ces épais nuages, formés par les crimes des hommes, et la nuit étant ainsi purifiée, permettrait aux lumières, c'est-à-dire aux

âmes destinées à éclairer les autres, de briller de
tout leur éclat... Ainsi les ténèbres disparaîtraient
entièrement pour faire place à une clarté plus
belle et plus brillante que celle du soleil...

Je n'ai point d'expressions pour rendre ces choses... Je sens que je ne fais que balbutier lorsqu'il
faut que je les explique... Tout ce que j'en dis
n'est rien auprès de ce que je vois...

. . . .

8 novembre 1870.. — ... J'étais dans une grande
angoisse à la pensée que je pouvais déplaire à Jésus, lorsqu'il m'a fait entendre ces paroles : « Ma
« fille, as-tu oublié mon amour?... Il est sûr et
« vrai, cet amour, parce qu'il t'apprend à aimer
« ma Volonté dans l'intime de ton âme... Ne faut-
« il pas que tu ressentes de temps en temps la pi-
« qûre des épines, qui te prouvent que tu es bien
« près de mon Cœur... car tu sais qu'il en est en-
« vironné?... Plus donc, ma fille, tu es piquée par
« les épines de la douleur, quelle qu'elle soit, plus
« aussi tu peux te croire près de mon Cœur, qui te
« chérit... »

. . . .

2 décembre 1870. — ..... Jésus m'a dit ces paroles avec un accent inexprimable : « Tu sais, ma
« fille, que c'est Moi qui fait tout ici; tu n'as qu'à
« me laisser faire sans t'inquiéter. J'aime tant
« cette Communauté ! C'est un parterre dans le-

« quel je ne transplanterai que des fleurs qui me
« plaisent, et j'écarterai toutes celles qui seraient
« un obstacle pour les autres et les empêcheraient
« de se développer... »

2 janvier 1871. — J'ai prié instamment mon Jésus-Hostie d'avoir pitié de notre pauvre France,
d'écouter les vœux et les prières de tant d'âmes
innocentes et pures qui crient sans cesse vers
Dieu pour implorer miséricorde et demander le secours dont nous avons tant de besoin. J'ai cru
alors que mon Jésus me disait : « J'entends tous
« ces cris; mon Cœur voudrait les exaucer, mais
« je ne le puis encore; sois tranquille cependant,
« ce secours n'est pas bien éloigné. Ah! si les
« hommes comprenaient mon amour! Mais non,
« ils ne comprennent rien et m'outragent toujours
« davantage. »

Oh! pourquoi donc Jésus, si bon, si miséricordieux, si plein d'amour, n'est-il pas plus connu?...
pourquoi n'est-il pas aimé?... Cette pensée me fait
mal; elle accable mon âme, et me ferait mourir si
Jésus ne me soutenait.

14 mars 1871. — « Je te montrerai comment je
« suis le Cep et les âmes qui me sont unies sont
« les branches qui sortent de mes plaies sacrées :
« les unes de mes pieds et de mes mains, les autres
« de mon Cœur. Parmi celles-ci, ô ma fille! tu es
« une de ces branches, la plus belle, qui doit me

« glorifier en me donnant beaucoup de fleurs. Mes
« yeux divins sont toujours fixés sur cette petite
« branche; les rayons lumineux qui partent de
« mon Cœur, comme d'un brillant Soleil, la vivi-
« fient sans cesse. Quelquefois ce divin Soleil sem-
« ble se cacher; alors, il se forme sur ton âme
« comme un nuage épais et humide qui la couvre
« entièrement. C'est alors qu'elle souffre, et c'est
« dans cette souffrance que se fait le travail qui
« doit lui faire produire les fleurs et les fruits qui
« doivent me glorifier... »

19 mars 1871, — Je voyais en moi l'Agneau divin humilié, anéanti, immolé; Il portait sur son
épaule le drapeau de la victoire pour montrer le
triomphe qu'il a remporté sur la mort et sur
l'enfer.

J'ai cru l'entendre me dire : « Je veux, ô ma
« fille ! imprimer en toi ma divine ressemblance et
« te faire vivre de ma vie de *victime* et d'*hostie*
« immolée et cachée dans le saint Tabernacle,
« c'est-à-dire que, comme Moi, tu seras *victime*
« *de l'amour* en souffrant en union avec Moi tout
« ce que mon amour te fera sentir... Je jouis
« sans interruption de la vision béatifique de mon
« Père céleste, et cependant dans le sacré Taber
« nacle je semble ne rien voir, ne rien entendre,
« j'y souffre l'ennui de la solitude, du délaisse
« ment le plus complet. Il faut donc que, pour me
« ressembler, ton âme, quoique très intimement

« unie à la mienne, souffre néanmoins toutes sor-
« tes de délaissements, de privations, de sacrifi-
« ces... Par ma vie d'hostie je m'immole de nou-
« veau des millions de fois chaque jour, comme
« sur le Calvaire, pour le salut des âmes...; je me
« donne ensuite à elles autant de fois qu'elles me
« désirent, afin de les nourrir et de les combler
« de mes grâces. Toi aussi, pour vivre de ma vie
« d'hostie, tu dois t'immoler chaque jour à la vo-
« lonté de mon Père céleste, accepter généreuse-
« ment les peines, les travaux, les sacrifices né-
« cessaires pour le bien des âmes, et te donner
« sans cesse à elles avec amour, c'est-à-dire être
« prête à chaque instant à te dévouer pour elles. »

30 mars 1871. — « Peu d'âmes, ô ma fille ! com-
« prennent ma miséricorde : se voyant faibles et
« sujettes à faire des fautes, elles ne peuvent
« croire que je les aime tendrement, malgré leur
« misère. Ce manque de foi en mon amour me
« blesse profondément...

« C'est ta faible nature qui recouvre ton âme
« comme de vieux haillons; mais elle n'en est
« pas moins chère à mon Cœur. Elle est blanche
« et pure, parce qu'elle ne tient en rien à ces hail-
« lons, qui ne peuvent ni la salir ni ternir son
« éclat...

. . . .

« ..... Ton âme doit me ressembler dans ma vie
« eucharistique, et être comme une hostie vivante,

« toujours immolée, toujours sacrifiée ; c'est pour-
« quoi je permets que tu trouves des occasions de
« souffrances là où d'autres ne trouveraient que
« de la joie, afin de te rendre plus conforme à ma
« vie dans le saint Tabernacle, car on ne com-
« prend pas les souffrances intimes que j'y endure :
« elles ne ressemblent en rien aux autres souf-
« frances ; les tiennes sont aussi bien différentes
« de celles qu'éprouvent, en général, les autres
« âmes. »

. . . .

CHAPITRE V

Juin 1871. — Juillet 1877.

Dans les premiers jours de juillet 1871, la Révérende Mère fut réélue abbesse. Comme toujours, la vue des terribles responsabilités qui pèsent sur ceux qui ont la charge des âmes produisit sur la sienne une si vive douleur, que malgré tous ses efforts elle ne put comprimer ses sanglots et empêcher ses larmes de couler. Après la cérémonie, Mᵍʳ Lyonnet, qui l'avait présidée, me dit : « Mais qu'avait donc cette « chère Mère ? — Elle n'a pu, lui répon-

« dis-je, se contenir à la vue de sa charge
« et de ses responsabilités. — Que ferons-
« nous donc, nous autres pauvres pé-
« cheurs, si des saints comme elle éprou-
« vent de telles frayeurs ? »

Dès le commencement de sa triennalité,
Dieu lui imposa un très grand sacrifice :
sa sœur, qu'elle avait élevée avec tant
d'affection, qui était venue la rejoindre au
couvent, qui avait immensément grandi
dans la sainteté, à qui elle avait confié la
direction du noviciat, où elle faisait beaucoup de bien, lui fut enlevée. Quoique la
maladie à laquelle elle succomba marchât
lentement et qu'elle pût se préparer à
cette terrible épreuve, elle fut très crucifiante; tant de liens unissaient ces deux
âmes! La mort de la Mère Saint-Joseph
fut des plus édifiantes. Le 12 septembre 1871, quoique la mort fût certaine,
elle ne paraissait pas être imminente; je
venais de la voir, il ne semblait pas nécessaire de lui donner tout de suite la
sainte communion. Mais quelques instants
après elle me fit demander; je lui dis en
arrivant : « Que désirez-vous, ma fille? —

Je veux Jésus », me répondit-elle. Je lui portai immédiatement la sainte communion, et un instant après elle rendait à Dieu sa belle âme [1].

Cette séparation brisa son cœur de douleur. Ce qui la fit le plus souffrir, ce fut l'absence de toute lumière sur l'état d'une âme qu'elle aimait tant. Dans sa profonde humilité, non seulement elle ne se croyait pas digne d'une telle faveur, mais encore elle avait fait au bon plaisir de son Epoux le généreux sacrifice de toute révélation à ce sujet. — Le surlendemain de la mort, tandis que je me trouvais au parloir avec elle, tout à coup, sans que rien pût le faire pressentir, elle poussa un grand cri et me dit : « Maintenant elle monte au ciel, je la vois sous la forme d'une nuée blanche... »

Voici comment elle s'exprime dans ses comptes rendus :

---

1. Frappé de la sainteté de la Mère Saint-Joseph, je crus qu'une histoire de sa vie ferait du bien, et je l'ai à peu près terminée. La Mère Sainte-Thérèse m'avait fourni plusieurs documents — les lettres échangées entre elles. — Je n'ai pas imprimé ce travail... J'aurais trop blessé la modestie de la Révérende Mère.

15 et 16 septembre. — J'ai cru voir tout à coup comme un nuage blanc et léger qui montait vers le Ciel. Je n'ai rien vu sous une forme sensible, mais j'ai eu une forte impression que c'était l'âme de ma chère petite sœur qui sortait du purgatoire pour aller se perdre dans le Cœur de Jésus et y jouir pendant l'éternité... Il m'a semblé l'entendre me dire qu'elle allait commencer son bonheur, et qu'à la source des grâces elle ne m'oublierait pas... En même temps elle m'a fait comprendre que maintenant elle ne regrettait pas de s'être cachée, humiliée, méprisée pour Jésus, puisqu'elle allait recevoir de si magnifiques récompenses. »

16 septembre. — J'ai eu l'impression que ma chère Sœur Saint-Joseph me disait : « Oui, je suis au Ciel, n'en doutez pas. Si vous pouviez voir la gloire dont je jouis maintenant, vous éprouveriez trop de bonheur... Jésus vous le cache, parce que votre mission de souffrance n'est pas encore terminée. »

.   .   .   .

Une des grâces que Dieu avait fait à la Révérende Mère, et qui m'impressionnait fortement, était une profonde connaissance des âmes. Elle avait, il est vrai, une rare intelligence, une très grande perspicacité, et ces dons naturels, développés par une longue expérience, lui faisaient deviner très vite et très sûrement ce qu'il y avait de caché dans les personnes avec qui elle avait des rapports. Mais très souvent j'ai pu constater qu'elle était divinement inspirée, et qu'elle pénétrait dans le plus intime des cœurs à l'aide d'une lumière surnaturelle. Plusieurs fois elle m'a donné des détails qui me surprenaient. Dans une circonstance, elle se servit d'un mot terrible pour caractériser l'état affreux d'une âme ; ce mot, dont elle ne pouvait saisir toute la portée, me rendit stupéfait, et je vis bien que Dieu le lui avait révélé.

L'état d'une autre âme lui fut révélé dans des circonstances bien frappantes. Voici le récit qu'elle en a fait :

Mon cœur est tout brisé par la vive émotion que j'ai éprouvée ce matin.

Après être demeurée près de deux heures intimement unie à Jésus pendant mon action de grâces, je commençais à revenir un peu à moi, lorsque j'ai entendu sonner l'élévation d'une Messe qui se disait dans notre église. J'ai fait effort pour me mettre à genoux; mais mon cœur n'était pas encore libre ni mes sens non plus. J'ai appuyé ma tête contre le mur (*à un point d'où elle ne pouvait voir ni le prêtre, ni la table de communion*), et suis demeurée là sans mouvement. Je ne savais trop ce qui se faisait, sinon que j'étais encore entièrement unie à mon Bien-Aimé. Mais au moment de la communion j'ai ressenti une impression subite, comme si on m'eût frappée au cœur... Quand j'ai entendu ouvrir le Tabernacle et que j'ai compris qu'une personne allait faire la sainte communion, mon émotion est devenue plus grande, sans comprendre pourquoi. Je ne pouvais rien voir, mais j'ai entendu les mouvements du prêtre qui allait vers la sainte Table. Pendant qu'il descendait les degrés de l'autel, j'ai cru apercevoir réellement notre doux Jésus dans ses mains; son divin regard était fixé sur moi et ne m'a pas quittée durant le trajet de l'autel au cœur où Il allait descendre. J'a cru alors qu'Il me disait avec un accent où se peignait une profonde tristesse : « O « ma fille, suis-moi!... Viens me tenir compagnie « dans ce cœur où je vais descendre par amour... « Que j'y serai mal à l'aise!... N'y étant point le « maître, je m'y sentirai bien à l'étroit!... mille « embarras s'y trouvent... il y a des attaches qui « me déplaisent... »

Redire la vive émotion que j'ai éprouvée alors est chose impossible!... J'ai suivi mon tendre Jésus, et humblement prosternée en esprit dans ce pauvre cœur où je le voyais réellement, j'ai tâché de faire moi-même l'action de grâces pour cette personne que je ne pouvais connaître, puisqu'il m'était impossible de la voir.

J'ai eu l'intuition de qui c'était, et je ne me suis pas trompée ; je l'ai su plus tard [1].

Je disais à mon divin Jésus, avec toute la tendresse de mon âme : « O mon doux Maître ! je vous adore pour ce cœur qui ne sait pas vous adorer en esprit et en vérité... Je vous aime pour vous dédommager de l'amour dont il vous prive... Réchauffez cette âme... faites-lui bien comprendre que c'est par-dessus toutes choses qu'il faut vous aimer !... Oh ! que ne puis-je me mettre à la place de ce cœur ! comme je ferais sans résistance les sacrifices que vous lui demandez !... »

Je ne puis exprimer tout ce que l'amour m'a suggéré pour consoler mon si tendre Jésus ! J'aurais voulu lui épargner la douleur et la honte qu'Il endurait dans cette âme !

Mon cœur en a été si fortement secoué que j'y ressens depuis une douleur inexprimable... Il me semble qu'on le perce et qu'on le brûle... C'est une souffrance tout amoureuse, il est vrai, mais elle

---

1. Il se trouva qu'il ne s'était dit qu'une messe à cette heure-là et qu'une seule personne y avait fait la sainte communion. La Mère put donc vérifier avec une certitude parfaite que la personne qui avait communié était bien celle que Jésus lui avait indiquée. Je puis ajouter aussi que l'état intérieur de cette âme était parfaitement décrit par les impressions que Jésus lui avait données.

est si sensible, que si Jésus ne me soutenait, je ne pourrais la supporter sans mourir.

13 avril 1872. — Ce matin j'ai prié mon Jésus de garder si bien mon cœur que je ne sois pas un instant sans penser à Lui. J'ai été le recevoir avec cet immense désir; dès qu'Il a été dans mon cœur, je me suis sentie sur le sien, et je ne puis dire jusqu'à quel point j'ai compris la tendre charité de Jésus à mon égard. Malgré mon impuissance, je l'ai remercié de mon mieux. Il m'a montré alors des choses admirables au sujet de l'Œuvre, et m'a dit : « Je suis satisfait de ton amour, parce qu'il « est *vrai*. L'amour *vrai* est celui qui part de mon « Cœur et y retourne. C'est de mon Cœur que part « l'amour que je porte à mes créatures; mais chez « elles cet amour ne retourne dans mon Cœur « qu'après s'être souillé parmi le monde. Mais pour « toi, ô ma fille! l'amour est parti comme un trait « de mon Cœur enflammé; il a embrasé le tien, et « tu me l'as rendu; il est ainsi remonté vers Moi « sans avoir été altéré ni flétri parmi les créatures. « C'est pourquoi tu me plais, ô ma Colombe! Oui, « tu es vraiment ma Colombe que j'ai choisie pour « *mon Œuvre*. J'ai mis à ton bec un rameau « d'*olivier*, c'est-à-dire j'ai rempli ton âme de « *douceur* et de *paix*, parce que ce sera là préci- « sément le cachet de l'Œuvre que je veux que tu « accomplisses; ta mission sera de porter dans les

« âmes la lumière de la vérité, et de la leur faire
« aimer avec douceur et avec paix ! »

8 janvier 1872. — Un de ces jours derniers,
pendant que je contemplais mon Jésus-Hostie, je le
priais instamment pour notre bien-aimé Pontife
Pie IX, pour la sainte Église et pour la France...
il me sembla tout à coup que Jésus me disait :
« Je laisserai mes ennemis s'enivrer de leurs suc-
« cès, et lorsqu'ils se seront soûlés à n'en pou-
« voir plus et qu'ils croiront tout gagné, la tête
« leur tournera, ils tomberont comme une per-
« sonne ivre ; ils se fracasseront dans leur chute[1].
« Je viendrai alors au secours de ceux qui sont
« bons, et je rétablirai la paix. »

8 mai 1872. — Je n'éprouve que peine, ennui,
désolation d'une manière que je ne puis expliquer... Aujourd'hui, cependant, j'ai plus senti la
présence de Jésus. Il m'a semblé voir un ciboire
ouvert rempli de saintes hosties, dans chacune
desquelles je voyais mon Jésus!... Doucement penchée sur ce vase sacré, je disais à mon unique
Sauveur, en l'adorant humblement. O mon bien-
aimé Jésus! que je me plais à vous contempler sous ces saintes espèces... mais que c'est peu
digne de votre grandeur ; vous n'êtes pas bien là,

---

1. Si on jette un regard sur la France, l'Italie, etc., le
triomphe du mal est complet. Et les ennemis de Dieu, depuis
bien des années, ont pu s'enivrer de leurs succès.

mon Jésus!... et cependant vous y êtes mille fois
mieux encore que dans un grand nombre de
cœurs mal disposés à vous recevoir par la sainte
communion... Jésus m'a fait comprendre que j'a-
vais raison de penser ainsi, qu'Il en souffrait beaucoup, surtout de la part d'un grand nombre d'âmes
consacrées à Dieu.

5 août 1872. — ... Je ne puis dire ce qu'a éprouvé
mon âme ; je souffrais et je jouissais en même temps,
parce que toute peine me devient douce, et que je
jouis réellement lorsque je pense que je fais la volonté de Dieu ! Pendant que je me perdais ainsi dans
cet acquiescement à son bon plaisir, il me sembla
que Jésus me disait que mon âme lui était bien
chère, qu'Il la travaillait avec soin, comme une
pierre qui doit servir à un bel édifice... Puis, subitement, comme pour répondre à une pensée qui
traversait mon esprit, mon bien-aimé Jésus ajouta
avec une bonté incomparable : « Ne t'inquiètes pas,
« ma fille, de savoir où sera placée cette pierre,
« ni si elle s'adaptera bien ; les architectes essayent
« de temps en temps la pierre qu'ils taillent à la
« place où ils veulent la poser. Pour moi, je n'ai
« nul besoin de l'y essayer ; quand je la placerai,
« elle remplira parfaitement la place qui lui est
« marquée. Dans un édifice, comme aucune pierre
« n'est destinée au même endroit, aucune par
« conséquent ne doit être taillée de la même fa-
« çon... » J'eus l'impression que c'était de l'Œuvre

que Jésus voulait parler, et que c'est pour cet effet qu'Il travaille mon âme... C'est toujours en termes voilés que Jésus me parle de cette Œuvre dont je n'ai pas la moindre idée; mais cela ne m'inquiète guère, je n'y pense même pas. Je ne songe qu'à m'abandonner toujours davantage à son bon plaisir et à son amour.

23 janvier 1873. — Mon esprit a été transporté aujourd'hui auprès de mon Jésus-Hostie au saint Tabernacle. Il m'a semblé être comme enveloppée d'un nuage bleu de ciel. Je ne pouvais comprendre ce que cela voulait dire, mais je sentais mon âme dans une profonde paix. Tout à coup j'ai vu devant moi le très doux Cœur de Jésus ouvert... et dans ce Cœur un grand cercle, à la circonférence duquel se trouvaient placés les saints et saintes qui ont eu mission d'attirer un grand nombre d'âmes à Dieu, tels que saint François d'Assise, sainte Claire, saint Dominique, sainte Thérèse, etc. Derrière chacun de ces saints ou saintes je voyais, comme dans le lointain, toutes les âmes qu'ils ont gagnées à Jésus. Ce cercle, quoique très grand, ne pouvait cependant contenir tous les saints qui sont au Ciel. Jésus m'a fait comprendre qu'en effet il ne s'y trouve que les saints qui ont eu une mission spéciale dans l'Église. Ce qui m'a surprise, c'est que cette couronne de saints n'était pas terminée : il manquait à peu près le tiers de la circonférence à remplir; j'ai eu aussitôt le sentiment que ces places vides étaient pour les saints que Dieu se choisirait encore jusqu'à la fin du monde... que, par conséquent, nous approchions de ce temps, puisqu'il y a si peu de place à remplir pour achever cette couronne de gloire au très doux Cœur de Jésus.

Les places qui paraissaient vides autour de ce cercle ne l'étaient pas cependant; j'ai cru y voir les traits des saints qui doivent un jour les occuper, mais ces traits étaient à peine marqués. Ces saints sont dans la pensée de Dieu, et ne seront distincts dans ce cercle que lorsqu'ils auront rempli la mission que Dieu leur réserve.

J'ai eu l'impression que je dois un jour remplir une de ces places, à cause de l'Œuvre dont Jésus m'a souvent parlé... Je ne puis dire combien cela m'a humiliée et quelle confusion j'éprouve en l'écrivant!... Mais je ne m'arrête pas à ces pensées; ce n'est que pour obéir que je relate ces choses, et je ne m'en préoccupe nullement. J'étais si fort étonnée de ce que je voyais, que je me suis permis de dire à mon Jésus : « Vous savez, ô mon Bien-Aimé! que je n'ai rien en moi qui me rende apte à agir sur les autres... Je n'ai point d'instruction, je n'ai pas la parole facile, ni rien d'extérieur...» Jésus m'a fait comprendre que je ne devais pas m'inquiéter de cela; que le moment n'était pas encore venu; que je ne pouvais avoir aucune idée de ce que serait cette Œuvre, mais que ce n'était pas une raison pour qu'elle ne dût s'accomplir... J'ai, en effet,

éloigné ces pensées de mon esprit et me suis abandonnée plus que jamais à la volonté de mon Jésus.

Mais je me suis écartée de mon sujet. Je le re-
prends pour dire que Jésus me faisait comprendre
que les saints des derniers temps, qui rempliront
les places qui me paraissaient vides dans cette
couronne, brilleront d'un éclat spécial et seront
marqués par des traits plus saillants. Ce n'est pas
qu'ils soient plus saints que ceux qui y sont déjà,
mais parce que les besoins des temps étant différents, les saints auront une sainteté particulière,
suivant la différence des époques.

Je sens que je ne puis redire ces choses comme
je les ai comprises, ni exprimer l'impression profonde qu'elles ont faites sur mon âme

22 mars 1876. — Ce soir, il m'est venu subitement à l'esprit ce que Jésus m'avait montré, il y a
déjà longtemps, dans un moment de douce union
avec Lui. Il m'a semblé que je voyais de nouveau
le Cœur sacré de mon Jésus dans l'hostie et dans
un lieu très élevé, ce qui m'a fait penser à l'exposition du Très Saint Sacrement. Pour arriver à ce
très doux Cœur le chemin me paraissait long et
étroit. Je me voyais au milieu de ce chemin; à
côté, dans d'immenses prairies, je voyais différents
groupes d'âmes unies pour servir Dieu par des dévotions particulières, et j'avais une forte intuition
que Jésus voulait que je réunisse toutes ces âmes
dans le sentier étroit dans lequel je me trouvais,

pour les amener toutes à son Cœur-Hostie! Cette
impression m'a émue...; mais peut-être n'est-ce
qu'une imagination, car plus que jamais je recon-
nais mon extrême ignorance, ma grande misère,
mon indignité, mon impuissance à rien faire pour
une œuvre quelconque.

Pour le moment ces extraits suffisent;
seulement un opuscule que la Mère rédi-
gea à cette époque, sur la vie religieuse
et les rapports de cette vie avec celle de
notre divin Sauveur dans le Tabernacle,
trouve ici sa place.

Malgré toutes les répugnances que j'éprouve
pour écrire, pourrais-je refuser à la douce Vierge
Marie, dont nous célébrons aujourd'hui la triomphante Assomption, ce qu'elle semble me demander
pour la gloire de son Fils bien-aimé?... Non, ma
divine Mère m'obtiendra de son Jésus, qui en ce
jour l'a couronnée de gloire, la grâce de savoir me
vaincre pour Lui obéir et Lui plaire.

Je vais donc laisser courir ma plume sous l'inspiration du très doux Cœur de Jésus, qui désire
se faire toujours mieux connaître, afin de se faire
toujours plus aimer, surtout par les âmes religieuses dont Il est le parfait modèle au saint Tabernacle...

I

Jésus, dans sa prison d'amour, est le premier et le plus parfait religieux de Dieu son Père, et Il veut que l'âme religieuse vienne le contempler et l'étudier sans cesse, afin de conformer sa vie à la sienne.

Comme le Sauveur, qui dans le saint Tabernacle s'est dépouillé de sa gloire pour y vivre caché à tous les regards…, inconnu…, oublié.. , délaissé, l'âme aimante, que la voix divine a appelée à la vie religieuse, doit quitter le monde…, ses parents…, ses amis…, quelquefois même sa patrie, pour venir se renfermer elle aussi dans la prison volontaire du cloître… et y vivre cachée…, oubliée…, inconnue…, délaissée peut-être.

Mais elle y trouvera son Jésus, prisonnier pour elle!… Il lui apprendra d'une manière merveilleuse quelles doivent être la vie et les vertus d'une âme vraiment religieuse, c'est-à-dire vraiment séparée du monde…, uniquement occupée des grands devoirs de sa vocation et désireuse de plaire à Celui qu'elle a choisi librement pour son unique époux!

O âmes religieuses, venez! Allons ensemble au pied du saint Tabernacle étudier la vie qu'y mène notre Jésus…, apprendre à y conformer la nôtre, et par là nous identifier tellement à Lui que nous puissions dire en toute vérité que nous ne vivons plus nous-mêmes, mais Lui seul en nous!... Alors seulement nous aurons rempli le but de notre sublime vocation et procuré à Dieu la gloire qu'Il a le droit d'attendre de nous.

II

Quelle est *la vie* de notre doux Jésus dans l'Hostie?... C'est d'abord une vie *de prière*.

Uniquement occupé de nous et de nos besoins, Il fait monter incessamment vers le trône de son Père céleste les élans de son Cœur en faveur de nos âmes... Il demande sans cesse pour elles pardon..., miséricorde..., lumières..., grâces..., secours... De sorte qu'à chacune de nos respirations nous pourrions dire en toute vérité : « En ce moment, mon Sauveur Jésus pense à moi spécialement.... Il prie pour moi... » Oh! que cette pensée serait capable d'exciter notre ferveur, si nous y réfléchissions un peu !... Nous savons bien, par la foi, que Jésus est réellement dans le saint Tabernacle, qu'Il y est pour nous et pour notre amour..., mais nous ne pensons pas assez à la vie de prière qu'Il y mène...

Ce que nous ne comprenons pas surtout, c'est que ce n'est qu'en priant avec Lui et par Lui que nos prières peuvent être agréables à Dieu et devenir efficaces... Et cependant, cette *union* de désirs, de demandes, de supplications, le Cœur adorable de Jésus la veut, elle lui est agréable et procure sa gloire...

Oui, voilà bien la plus noble fonction de l'âme religieuse : *la prière continuelle* pour soi et pour ses frères... Faire monter vers Dieu le concert de louanges, d'adoration, de respect et d'amour qui lui est dû à tant de titres et que la créature doit être mille fois heureuse de pouvoir lui rendre !... Débarrassée de tout autre soin, elle n'a à penser qu'à louer son Époux..., à redire sans cesse, avec la sainte Église, ces prières sublimes renfermées dans les Psaumes du saint roi-prophète, où sont si bien décrits les sentiments du Christ Lui-même... Une telle prière ne peut manquer d'être exaucée, puisque c'est celle de Jésus et qu'elle est faite en union avec Lui... Qu'heureuse donc est l'âme religieuse qui remplit bien ce premier devoir imposé par sa vocation !... Qu'il est doux de prier ! et surtout de prier avec le Christ Lui-même au saint Tabernacle !...

III

La vie d'une âme religieuse doit être non seulement une vie de prière, mais aussi une vie toute de *mortification*, de *pénitence*, d'*abnégation*.

Le doux Jésus, quoique vivant dans le saint Tabernacle, est là dans un état de mort... Rien, ce me semble, n'y rappelle la vie; tout, au contraire, y announce la mort...

Oh! que de mortifications cet aimable Sauveur n'a-t-Il pas à y endurer de la part de ses indignes créatures, de celles surtout qui devraient le consoler et adoucir ses douleurs!...

Il accepte en silence les mépris, les rebuts, les profanations de tout genre... l'indifférence, le manque de respect et d'amour!... Ne sont-ce pas là des mortifications bien grandes?... Et lorsque nous penserons que c'est *un Dieu* qui les souffre, et cela par amour pour ses créatures... pour celles même qui l'outragent ainsi!... oh! alors, ne serons-nous pas saisies d'admiration, et pourrons-nous ne pas désirer d'imiter ce tendre et généreux Sauveur dans la pratique de la pénitence la plus sévère? N'est-ce pas, du reste, ce que nous avons promis volontairement en entrant dans la vie religieuse?... Nous avons quitté non seulement le monde, mais encore ses plaisirs, ses satisfactions, pour mener une vie tout opposée, par la pénitence et la mort, à nous-mêmes, et nous semblons quelquefois l'oublier dans les occasions où il faudrait mettre nos résolutions en pratique... Notre pauvre nature est ainsi faite! nous avons besoin, pour ne pas nous laisser entraîner par elle, d'une vigilance continuelle sur nous-même, si nous voulons acquérir la véritable vie de l'esprit, qui est d'autant plus vraie et nous fait d'autant plus jouir, que nous avons plus de soin de faire mourir en nous cette pauvre vie naturelle. J'ai dit *jouir*... Oui, l'âme attentive à marcher sans relâche dans cette voie de mort goûte une vraie jouissance. Cela paraît étrange de parler de jouissance dans ce qui ne tend qu'à nous détruire!... Et pourtant, c'est la vérité... La vie religieuse bien comprise n'est autre chose qu'une mort incessante dans un bonheur complet...

Qu'il est petit le nombre d'âmes qui comprennent et goûtent les douceurs de cette mort mystique de tout notre être... et de cette vie en Dieu!... C'est qu'il en est peu qui entrent résolument dans cette voie de la mortification et de la pénitence... bien moins encore qui y marchent avec courage et y persévèrent sans se lasser... Il y a, en effet, beaucoup d'âmes qui pratiquent la mortification, et bien peu qui soient vraiment mortifiées. On aime, en général, les pratiques extérieures, surtout lorsque c'est la propre volonté qui y porte... On y trouve un soulagement pour la vanité, qui croit avoir fait beaucoup en cela. ... Mais on n'a pas autant d'ardeur pour la mortification de l'esprit... du cœur... de la volonté... dans les occasions qui se présentent cent fois le jour... C'est ce qui fait qu'il y a si peu d'âmes qui arrivent à une haute perfection.

Oui, sachons-le bien, l'amour de soi, c'est-à-dire le manque d'esprit de mort, est le plus grand obstacle à l'amour de Dieu; et sans cet amour nous ne serons jamais capables de rien... nous avancerons peu et avec peine dans le chemin de la perfection... Cependant, le doux Jésus nous appelle bien haut !... Il nous tend la main... Il nous promet son secours puissant et sa grâce efficace pour nous soutenir... Que craignons-nous ?... Avons-nous jamais fait l'expérience qu'Il nous ait abandonnées quand nous nous sommes confiées à Lui ou que nous avons accompli quelque acte qui a coûté à notre nature ?... Oh ! non, assurément !... nous avons éprouvé, au contraire, la douceur infinie et la tendre bonté de son Cœur, tout amour pour l'âme généreuse qui sait se sacrifier pour Lui !

IV

Pour vivre en union avec Jésus-Hostie d'une vie de prière et de mortification, il faut surtout *aimer*... et la manifestation de l'amour, c'est le *dévouement*.

En cela, nous ne ferons qu'imiter encore notre Époux bien-aimé au saint Tabernacle, où Il ne vit que d'amour pour son Père céleste... et pour nous, ses pauvres créatures...

Il a voulu, cet aimable Sauveur, que le très saint mystère de l'Eucharistie fût appelé par excellence le sacrement de l'amour ! C'est qu'en effet tout y parle d'amour, tout y respire l'amour... Jésus, le divin Captif, est l'Amour personnifié... C'est l'amour Lui-même s'immolant chaque jour et à chaque instant du jour sur nos autels par un sacrifice permanent et sans cesse renouvelé, qui nous rappelle, d'une manière admirable, les douleurs et l'amour du sacrifice du Calvaire...

Tout Dieu qu'il est, ce tendre Époux de nos âmes n'a pu faire davantage pour nous prouver l'ardeur de sa charité...

L'amour ne se prouve jamais mieux que dans la souffrance endurée pour l'objet aimé... Et Jésus veut endurer les souffrances de l'amour... Il m'a fait voir clairement en Lui cette souffrance du cœur si intense, qu'il est impossible de l'exprimer... Pendant qu'Il était sur la terre, ayant bien voulu prendre un corps semblable au nôtre, Il était accessible à toute douleur intérieure et extérieure. Depuis qu'Il est ressuscité glorieux, son corps est impassible. Mais, au saint Tabernacle, Jésus a voulu être en même temps passible et impassible, c'est-à-dire que son Corps sacré ne peut plus souffrir, mais son Cœur endure encore les douleurs que par anticipation Il a éprouvées au jardin des Olives et sur le Calvaire. Ce n'est pas qu'Il souffre de la même manière ; mais comme devant Lui tous les temps sont présents, à Gethsémani et pendant sa passion Il souffrait réellement et par avance ce que les péchés, la malice, l'ingratitude des hommes devaient lui faire subir aujourd'hui au saint Tabernacle.

Qui pourra comprendre et expliquer dignement la grandeur, l'étendue et l'intensité de ces souffrances de cœur de notre doux Jésus, prisonnier d'amour ! Oh ! ce n'est pas possible... Lorsque par un excès de sa bonté pour moi Il veut bien m'y associer un peu, je comprends par ce peu qu'Il m'en fait sentir qu'elles sont intolérables, et que s'Il ne me soutenait en même temps de sa force divine je ne pourrais les supporter sans mourir.

Après avoir contemplé ainsi notre Sauveur, comment ne pas l'aimer !... ne pas s'immoler pour lui prouver cet amour !...

Oh ! que de jouissances dans cette vie de l'amour bien comprise ! Mais n'oublions pas qu'il ne se nourrit que de croix, de peines, de souffrances, de sacrifices... Ce bois mystérieux donne à ce feu divin une ardeur toujours plus grande et plus active...

O vie vraiment céleste, qui donne tant de bonheur, même dès ici-bas, pourquoi en est-il si peu qui sachent t'apprécier ?... Divin Jésus, faites-la-nous bien comprendre et surtout bien goûter, afin que cette douceur infinie nous attire si fort que tout le reste nous devienne insipide...

V

J'ai dit que notre doux Jésus était au saint Tabernacle le premier et le plus parfait religieux.

Oh ! c'est bien Lui, en effet, qui, dans sa prison d'amour, pratique les vertus d'*obéissance*, de *pu-*

reté, de *pauvreté* de la manière la plus généreuse et la plus parfaite.

Et d'abord contemplons *son obéissance*. Le Sauveur Jésus étant Dieu comme son Père est, par conséquent, Roi du ciel et de la terre. Maître de l'univers, à la puissance duquel rien ne peut résister, Il s'est fait cependant sujet et esclave dans le saint Tabernacle!... A la simple voix de ses ministres, Il descend sur l'autel du sacrifice... Il se laisse porter et placer par eux partout où on le veut... Il souffre qu'on l'enferme dans les sacrés Tabernacles... qu'on l'en retire pour le porter dans les cœurs qui le désirent... lors même qu'Il sait bien qu'Il y sera mal reçu !

O chère vertu d'obéissance! que tu me parais belle ainsi pratiquée *par un Dieu !*

Quel exemple pour nous, qui sommes plus particulièrement obligées à la pratique de la vertu d'obéissance, puisque nous avons promis, solennellement et par vœu, d'obéir à cet Époux bien-aimé dans la personne de ceux qui nous le représentent...

En général, les âmes religieuses ne manquent pas d'une manière formelle à l'obéissance d'action; c'est rare... Mais il n'en est pas toujours ainsi de l'obéissance de l'esprit, du jugement et du cœur... Et cependant c'est là le sacrifice véritable et le plus grand que puisse faire une créature. Tous ceux que l'on a faits en entrant en religion ne sont rien, comparés à celui que l'on fait de soi-même par des actes d'obéissance sans cesse renouvelés. C'est là un sacrifice permanent qui glorifie le Père céleste, lorsqu'on unit ce sacrifice et cette immolation de tout soi-même au sacrifice et à l'immolation de Jésus-Hostie dans le saint Tabernacle... Alors notre vie devient une reproduction de la sienne, et nous sommes avec Lui victimes volontaires...

Sans obéissance, une religieuse n'est rien ; elle n'en mérite pas le nom... surtout elle ne peut être heureuse... L'âme vraiment obéissante, au contraire, toujours victorieuse d'elle-même, goûte une joie que rien ne peut lui ravir... C'est un vent toujours favorable qui la pousse dans les régions de la plus haute sainteté, où elle fait son ascension sans effort et avec la plus douce paix...

Oh ! quelle est belle et aimable cette chaîne de l'obéissance, qui, loin de nous assujettir, comme le croient ceux qui ne s'en laissent pas étroitement lier, nous élève, au contraire, au-dessus de tout, nous fait tout dominer... nous rend vraiment libres... et nous donne la véritable joie des enfants de Dieu !...

VI

Une âme vraiment obéissante ne peut être qu'une âme *bien pure*... Encore et toujours Jésus-Hostie au saint Tabernacle est son parfait modèle...

Quoi de plus admirable que de contempler dans

le Fils de Dieu fait hostie et victime au Sacrement de l'autel toute la sainteté et la pureté de Dieu lui-même !... Comment donc pouvoir dire jusqu'à quel point le Sauveur Jésus est pur, puisqu'il est lui-même *la pureté* par essence. Pour nous faire comprendre combien Il aime cette vertu, Il veut que tout ce qui l'entoure, tout ce qui sert à nos augustes mystères respire la plus grande pureté... Il l'exige de ses ministres sacrés... des vases qui renferment son Corps adorable et son Sang précieux... des linges qui servent à l'autel...

Oh ! quelle pureté doit avoir le prêtre qui offre à Dieu le Père la victime pure et sans tache !... Combien immaculé doit être son cœur, qui tous les jours reçoit le Saint des saints !... Que sa langue, où Jésus repose, doit être pure !... Combien ses mains doivent être innocentes, puisqu'elles ont l'inappréciable bonheur de toucher le Corps adorable du Verbe incarné, qui est le Dieu de toute pureté !...

Si le prêtre doit être saint et pur, combien doit l'être aussi la religieuse vouée par état à une chasteté et à une pureté parfaites... et qui si souvent s'approche de son Époux !...

Plus un vase est destiné à contenir une liqueur précieuse, plus il doit être tenu dans une pureté exquise...

Jésus demande donc de ses épouses la triple pureté du corps, de l'esprit et du cœur.

Grâce à Dieu, les âmes religieuses conservent

intacte la pureté de leur corps; mais combien y en a-t-il qui ne comprennent pas assez que par leurs immortifications dans le détail elles blessent la délicatesse de leur Époux!

Une âme vraiment pure est une âme mortifiée qui tient son corps et ses sens en servitude, c'est-à-dire ne se permet jamais ces recherches que les âmes peu fidèles s'accordent si facilement.

Cela ne paraît presque rien en soi, mais c'est comme une poussière qui ternit bien vite la beauté de notre âme.

L'âme religieuse qui veut plaire à son Époux immaculé doit encore être ornée de la pureté de l'esprit, par un détachement complet de ses idées, de ses manières de voir et de juger.

Il faut aussi qu'elle ne laisse pas son esprit s'entretenir dans des pensées inutiles et s'intéresser à des choses qui, sans être mauvaises, le souillent plus ou moins, l'obscurcissent et l'empêchent de s'appliquer facilement aux choses de Dieu et de pénétrer ses divins mystères... Il faut donc veiller à ce qu'il ne s'échappe pas... le captiver par de saintes pensées... ne lui permettre de se préoccuper que de la gloire de Dieu et des intérêts des âmes...

Enfin, dans une âme religieuse Jésus veut trouver, avec la pureté du corps et de l'esprit, une très grande pureté de cœur. Elle aura ainsi un nouveau trait de ressemblance avec l'Agneau immaculé, dont le cœur est le centre, le foyer et la source de toute pureté.

C'est là que nous devons aller sans cesse la demander, la puiser... L'esprit de l'homme n'est pas capable de comprendre la sublimité de cette pureté infinie du très doux Cœur de Jésus!... Oh! que le cœur d'une épouse de Jésus-Hostie devrait être pur!... Cependant, combien y en a-t-il qui manquent à la perfection du vœu qu'elles ont fait!... Elles ont bien renoncé à toutes les attaches..., mais elles s'aiment encore elles-mêmes!... L'amour de soi est le premier ennemi que nous ayons à redouter... De là vient que bien des âmes religieuses n'ont pas pour Jésus, leur divin Epoux, cette tendresse de cœur..., cette pureté d'amour qu'Il demande d'elles... Un cœur ainsi dominé par l'égoïsme ne peut posséder la joie, la paix et surtout la pureté que donne le véritable amour de Dieu... O Jésus! Agneau pur et sans tache, faites nous bien comprendre le prix inestimable de la plus belle des vertus..., donnez-nous-en l'amour, et faites-nous la grâce de la bien pratiquer, afin que nous puissions arriver à cette intime union et à cette vision divine qui n'est promise qu'aux cœurs véritablement purs...

Le troisième lien qui unit l'âme religieuse à son céleste Époux est le vœu *de pauvreté*. Jésus, le divin Prisonnier d'amour, veut nous servir de modèle en ce point comme en tous les autres. Ah! c'est bien Lui qui s'est fait pauvre!... et à quelle pauvreté s'est-Il réduit!

Il est le Dieu du Ciel, qui a tout créé par sa toute-puissance et à qui tout appartient... Et je le vois anéanti dans un réduit obscur, où Il est bien ou mal logé, selon la volonté de ses créatures... Que les vases sacrés qui le renferment soient d'un métal commun ou précieux... que les linges qui servent à l'autel soient fins ou grossiers... Il se contente de tout... Dans combien de tabernacles n'est-Il pas plus mal qu'Il ne l'était dans la crèche de Bethléem ! O merveille d'humilité!

Hélas ! quelle contradiction entre notre vie et la sienne !... Il y a malheureusement des âmes religieuses qui manquent non seulement à la pauvreté religieuse, par leur peu d'amour des privations et des souffrances que nécessite la pratique de cette vertu, mais encore, et surtout, à la pauvreté intérieure de l'esprit et du cœur... Oh! ici que de recherches de soi-même dans ses dévotions, dans la prière, la réception des sacrements, etc. Combien y en a-t-il qui se tourmentent, qui s'inquiètent à la moindre souffrance et privation intérieure, causées par les peines que Jésus permet pour leur plus grand bien!... C'est l'amour-propre qui se dépite, parce qu'il n'est pas content de ces privations... L'âme vraiment pauvre d'esprit et de cœur, désireuse d'imiter son Époux bien-aimé, humble et pauvre au saint Tabernacle, supporte avec courage et amour tous les dégoûts, les ennuis... l'absence de toute bonne pensée..., parfois même de toute bonne parole qui encourage... Elle souffre,

mais elle sait que s'étant faite pauvre volontairement pour suivre Jésus elle doit supporter tous les
dépouillements sans se plaindre ni murmurer. Son
humilité lui fait comprendre qu'elle ne mérite
rien. Elle se contente de demander tous les jours
au Sauveur les lumières, les forces dont elle a besoin… Puis elle attend avec une entière résignation qu'Il veuille bien les lui accorder, comme un
pauvre attend à la porte du riche.

Qu'une âme ainsi dégagée, ne cherchant que Jésus et son bon plaisir, est heureuse !… Il n'est pas
aussi difficile qu'on le croit de parvenir à ce degré
de pauvreté : il n'y a que les âmes religieuses sans
esprit de sacrifice qui s'effrayent à la vue de cette
perfection, qui les dépouille de tout pour les faire
marcher plus vite et plus librement vers Dieu. O
aimable Jésus, fait pauvre pour nous dans l'Hostie,
accordez-nous la grâce de vous suivre généreusement !…

Maintenant je dois dire un mot de
l'apostolat de la Révérende Mère dans le
Monastère de Sainte-Claire, et ainsi se
terminera la seconde partie de sa vie.

A son entrée elle édifia grandement les
Sœurs, et si elle eut à souffrir, c'est surtout parce que, élevée déjà à une très

haute sainteté, elle ne pouvait toujours être comprise... On l'a très bien dit (voir *la Mystique de Gœrres*), « les hommes qui « marchent par les voies particulières de « la contemplation apparaissent comme « des météores qui excitent une curiosité « soupçonneuse et inquiète dans le milieu « où ils vivent. Plus ils s'élèvent, moins « ils sont en harmonie avec les senti- « ments qui règnent autour d'eux. Leur « âme, accordée d'après un autre diapa- « son, ne trouve ici-bas que des disso- « nances. Destinées à voler plutôt qu'à « marcher dans les voies ordinaires de la « piété, ils ne peuvent en quelque sorte « s'appuyer sur la terre. Ils ressemblent « à de pauvres oiseaux assaillis par la « tempête et que les vents déchaînés « ballottent dans tous les sens. » Mais si les Saints ont tant à souffrir dans le milieu où ils vivent, ceux qui les persécutent sont toujours terriblement punis. Cependant, malgré les persécutions qu'ils subissent, ils exercent toujours une action infiniment puissante, et tôt ou tard ils 'élèvent à une très grande hauteur ceux qui ont le bonheur de vivre avec eux. Il en a été ainsi de la Révérende Mère.

La communauté de Sainte-Claire, quand la Mère y entra, était très régulière. On a dit dans une brochure qu'elle avait été réformée ; c'est une grande erreur.

Les Sœurs qui, pendant la tourmente révolutionnaire, s'étaient retirées dans un galetas (leur monastère fut vendu), qui, par des achats successifs, est devenu le couvent actuel, avaient un grand esprit chrétien. Elles se reconstituèrent dès qu'il fut possible et s'accrurent successivement. La Révérende Mère Sainte-Agnès, qui pendant de très longues années fut abbesse, fit beaucoup pour la communauté. Elle avait un véritable esprit religieux et un rare talent d'organisation matérielle.

Mais comme dans les communautés les mieux ordonnées il y a toujours immensément à faire, et qu'il est très rare que dans la vie religieuse, surtout dans la voie contemplative, les âmes trouvent tous les secours pour gravir les sommets de la perfection où elles sont appelées, — ceux qui ont une véritable expérience de ces choses ne me contrediront pas, — Dieu avait réservé à la Mère Sainte-Thérèse une grande mission sous ce rapport.

Cette mission elle l'exerça dès son entrée dans le Monastère. Elle l'exerça au noviciat et après sa profession, par la simple manifestation de ses héroïques vertus. D'une bonté et d'une douceur incomparables, il était difficile de ne pas subir son influence. Cet ascendant était de sa part si inconscient et produit avec tant de modestie qu'on était vraiment heureux de le subir. Elle l'exerça étant Mère Abbesse une première fois et Mère Vicaire. La Mère Sainte-Agnès était très heureuse de s'appuyer sur elle. Cependant Dieu voulait qu'elle eût une action plus indépendante, afin que le bien qu'elle devait faire aux âmes fût plus puissant, plus durable. Et il en fut ainsi à partir du mois d'avril 1868, après la mort de la Mère Sainte-Agnès.

A cette époque, la communauté ne comptait en tout que trente-cinq membres. Seize ans après, quand elle est morte, il y en avait cinquante-quatre.

Bientôt après son élection, il se présenta un très grand nombre de postulantes. Toutes étaient accueillies avec une grande bonté ; elles étaient soumises à une série d'épreuves sérieuses et dirigées avec une rare intelligence. Quoique la Révérende Mère eût bien vite pénétré au plus profond de l'âme, qu'elle en eût saisi les aptitudes les plus intimes, deviné les tendances les plus secrètes, cependant elle attendait, avant de se prononcer, que l'âme eût combattu courageusement pour mériter la grâce de la vocation. Elle soutenait sans cesse l'âme dans ce temps d'épreuve, qui a une influence décisive, et ne rejetait jamais d'elle-même les âmes ; elle attendait en quelque sorte le jugement de Dieu. Elle savait si bien adoucir les décisions sévères qu'elle était obligée de prendre, que toutes celles qui ont séjourné au postulat sans persévérer, — et il y en a eu plus de vingt-cinq, — conservaient pour elle et pour la communauté la plus vive affection.

C'est surtout dans la direction de ses filles que la Mère excellait. Elle était, dans

toute la force du mot, mère de leurs âmes.
Connaissant le plus intime des cœurs, elle
soutenait avec une puissance inexprimable, — et l'âme qui gravit les sentiers si
escarpés et si rudes de la perfection a un
si grand besoin d'être soutenue. — Elle
avait une très grande expérience des
voies spirituelles, et d'un mot elle révé-
lait l'âme à elle-même, lui montrait ce
qui l'arrêtait et aplanissait toutes les
difficultés. Elle parlait avec tant d'onction
et de force, qu'elle relevait les cœurs les
plus abattus, et leur donnait tant de désir
de triompher des difficultés si grandes de
la vie spirituelle que dans la lumière de
son regard et l'ardeur brûlante de sa parole elles croyaient les avoir vaincues.
Elle savait ce que la grâce demandait de
chacune d'elles, et prévoyait très sûrement le degré de sainteté où elles s'élève-
raient.

TABLE DES MATIÈRES

DU PREMIER VOLUME

LIVRE II

Toulouse, imprimerie Douladoure-Privat, rue Saint-Rome, 39. — 9419